入門・現代政治理論

石井貫太郎 著

ミネルヴァ書房

本書は，今日まで続き，そして，さらに続いていく
物語の中の長い１章なのである。

トーマス・クーン『コペルニクス革命』

まえがき

1998年に刊行した拙著『現代の政治理論』（ミネルヴァ書房）は，おかげさまで政治学のテキストとして多くの読者に親しまれた。その際，公務員試験の該当科目や就職試験の時事問題への対策本として活用した学生諸君から様々なコメントをもらった。本書はその経験を生かした実質的な改訂新版である。

本書の構成は，「政治現象と政治学」「ミクロ政治学」「マクロ政治学」「国際政治学」「現代政治学の新展開」の５部構成である。それぞれの理論はそれぞれの研究対象と論理構造を有しているが，そこにはすべての理論の根底を一貫して流れる政治現象の基本的な論理を発見することができる。それは「支配」と「被支配」というコンセプトである。本書では，従来の政治学の理論をこの「支配の論理」と「被支配の論理」という視点から体系化することを試みた。したがって，それはこれまでの政治学における理論的な研究成果を統一的なパースペクティブによって整理した内容であるといえる。もちろん，あらゆる学術書について言えることではあるが，こうした学問の成果が実際に役に立つか否かは読者の「応用センス」にかかっている。

いずれにしろ，読者は自分の意思と能力を使って，それぞれの理論について「自分の理解」を心がけながら勉強して欲しい。たとえ最初の理解が間違っていたり足りなかったりしても，それは後に続くより一層の深く広い勉強の基礎となるものであり，後の勉強を遂行する過程で修正したり追加したりすればよいのである。土台，いかなる言語能力をもってしても，複雑な政治現象に対する自分の考えを正確に他者に伝えることなど困難である。人間は皆，それぞれが自己の社会的および精神的な背景に基づくバイアスやノイズを完全に排除することができない「社会的動物」だからである。したがって我々にとって重要なことは，将来の一層の理解のためにとりあえず自分なりの理解を心がけて学習し，その作業を通じて「基礎」を固めておくことである。

なお，本書の執筆が順調に進行していくために多数の方々に支えて頂いた。

特に，ミネルヴァ書房の杉田啓三社長と浅井久仁人氏のご指導とご尽力を得て本書は陽の目を見ることになった。心からなる感謝を捧げたい。

2023年7月31日

石井貫太郎

入門・現代政治理論　目　次

第4章　国際政治学

第5章　現代政治学の新展開

コラム

第1章

政治現象と政治学

1　なぜ政治学を勉強するのか

政治学を学ぶ意義

この地球上に生息している一定年齢以上の人間という動物は，必ずいずれかの国の国籍を有している。国籍を有しているということは，一方では当該国家の政治的権利を有しているということであり，また，他方では国民としての義務を背負っているということである。換言すれば，投票権に代表される自分の国の政治のあり方を自分で決める権利，すなわち，「主権」をもっているということを意味している。

主権者であるこのような国民は，そうであるがゆえに以下のような責務を担っている。それは，国民の代表として実際の政治を行う行政担当者を選ぶ際に，その人間が本当に自分の国のためになることをしてくれる可能性があるのか否か，また，行政者となった後の彼の活動をよく監視し，仮に当該人物が国のために良からぬ行動をとるような際には，これを「選挙」という合法的手段を通じて罷免しなければならない。つまり，政治家たるべき人物を選びつつ，そうでない人物を駆逐していくという責務である。これを「政治的動物としての国民の責務」と呼ぼう。したがって，我々国民がこうした政治に対する「チェック機能」という責務を遂行していくためには，政治現象や政治学に関するある程度の知識と情報が不可欠なのである。ここに，我々が政治学を勉強する第一の意義が存在する。

しかしながら重要なことは，現代の人間は，こうした政治的動物であると同時にまた，経済活動などの様々な政治以外の営みを行う広い意味における「社会的動物」である。さらにいえば，人間の物理的な意味における存在とは云うまでもなく「自然的」なものであり，また，その内面的な意識は多分に「人文的」な意義をももっている。いわゆる学問や科学とは，そのような人間の存在性に関わる内部の要素や外部の環境など，およそあらゆる未知の要素を解明しようと挑戦する試みに他ならない（「自然科学」「人文科学」「社会科学」）。

したがって，政治学を勉強するということは，いずれもが大切な意義をもっている様々な学問の中の一つの「例」を学ぶという第二の意義をもっている。すなわち「政治学が他の学問と比べて最も重要な学問であるからこれを学ぶ必要がある」などという理由ではなく，「学問の重要性というものを政治学を一つの例として学ぶ」という意義である。換言すれば，政治活動以外の他の諸活動の局面においては，政治学より重要な役割を果たす学問が無数に存在するのであり，その意味で，それぞれの学問がもつ重要性に優劣は存在しない。学問はどのような領域の学問でも重要なのである。我々にとって大切なことは，いずれの学問を勉強するにせよ，そこから自己の努力によって教訓を引き出し，学問という「基礎」を現実に「応用」する「感性（センス)」を磨くという心がけを常に忘れてはならないということである。

たとえば，歴史学の勉強の過程において，我々はよく「歴史を学ぶ」のではなく，「歴史から学ぶ」という学習のスローガンに出逢う。政治学も全く同様である。我々は政治学の勉強を通じて「政治を学ぶ」のではなく，「政治から学ぶ」のである。そして，我々の先輩である政治を勉強した人々の偉大なる遺産としての政治学を学びながら，知識を活用するための知恵を育むのである

ところで，本音をいえば，その政治学の分野においては，研究対象である政治現象の全体を包括的にとらえ，個々の現象の相関関係や因果関係を明確な論理によって整理し，総合的な見地から政治というものの本質を見極めんとする理論を構築しようという努力は少ない。政治学が自然科学の領域の学問や同じ社会科学の仲間である経済学や社会学と比較され，いつも「科学的ではない」と評されてしまう所以である。もちろん個々の政治現象に関する理論は，それでも近代・現代において誠に目覚ましい発展を遂げてきた。我々に先立つ先駆者たちの努力の賜物である。本書ではそれらを体系的に検討するわけであるが，ここで我々が注意すべきことは，学問の成果というものは常に現実の現象に即応して進化したり修正されたりするものであるという認識である。

すなわち，なぜ従来の現代政治学の理論がそれぞれ個別的に発展する傾向が強かったのかといえば，それは実際の個々の政治現象自体が非常に高い自立性をもっていたからというわけではなく，いわば学問研究の方法という問題に関

わっている。あらゆる学問研究は，それが対象とするものごとの個性や特殊性に焦点を当てて展開される議論とともに，全体性や一般性に焦点を当てて展開される議論を同時並行的に行っている。この場合，とりわけ社会科学の分野においては，たとえば「21世紀の国際社会全体の趨勢」などという漠然とした大きな問題よりも，「東南アジア諸国の政治経済情勢」といったより限定された個々の問題を取り扱う議論の方が社会的な需要が多いのである。すなわち，一般化の議論よりも個別的な議論の方が優先して研究される要因が多いというわけであり，どうしても個々の政治現象を個別的に取り扱う研究の方が，政治現象全体を包括的に取り扱ったり，その学問全体の構成を整備したりする研究よりも先に進んでしまう傾向が強いのである。ゆえに，こうした全体論的な議論が行われるためには，かなりの程度その学問が成長して成熟するまでの時間が必要なのである。したがって，政治学も今日に至って，ようやくその全体を包括的かつ総合的に体系化する努力が行われるような方法が注目されるようになったといえよう。つまり，ここに本書の意義も存在するわけである。

ところで，本書では，現代政治学の個別的な理論群を分類して再構成するための基本的なコンセプトとして，以下のような二つの論理を設定している。第一に，いわゆる「ミクロの視点」と「マクロの視点」というものである。前者は小さな目で見る分析視角であり，政治の主体としての個人や組織に焦点を当てて，政治現象を構成する個々の要素について論ずるものである。また，後者は逆に大きな目で見る分析視角であり，政治の主体としての社会や国家に焦点を当てて，政治現象全体の動態を総合的に論ずるものである。我々はここに，「ミクロ政治学」と「マクロ政治学」および「国際政治学」というそれぞれの政治学理論の体系を設定することができるのである。

また第二に，いわゆる「支配の論理」と「被支配の論理」というコンセプトを設定している。前者は治める側の論理であり，統治者の論理であり，政治という現象を支配する側から観察して「いかにして治めるのか」を論ずるものである。また，後者は逆に治められる側の論理であり，被統治者の論理であり，政治現象を支配される側から観察して「いかにして治めさせるのか」を論ずるものである。

我々は，これを上記三つの政治学理論の体系のそれぞれに対応させて，以下のように現代政治学の理論的パラダイムを構成させることができるのである。すなわち，第一に「政治過程論」と「政治行動論」によって構成されるミクロ政治学であり，第二に「政治体制論」と「政治社会論」によって構成されるマクロ政治学であり，第三に「国際体制論」と「外交政策論」によって構成される国際政治学である。本書では，こうした構成にしたがって現代政治学の基本的な論理を体系化させる試みが行われていくことになる。

現代科学の理論とは，我々と同じような普通の人々が自己の興味の対象に執拗に取り組み続け，その対象に対する自分の考えを他の人々に提示したいわば「信仰告白」であり，普通の頭をもった人々による普通以上の努力によって創作された「血と汗と涙の結晶」なのである。したがって，現代政治学の理論とは，それらの研究者たちの「興味の対象」が単に政治現象に関わるものであったに過ぎない人々によって作り上げられた一種の作品である。我々もまた「普通の人々」である以上，したがって，先輩たちの苦心の経験を学ぶ意義をもっている。

図１－１　本書に登場する

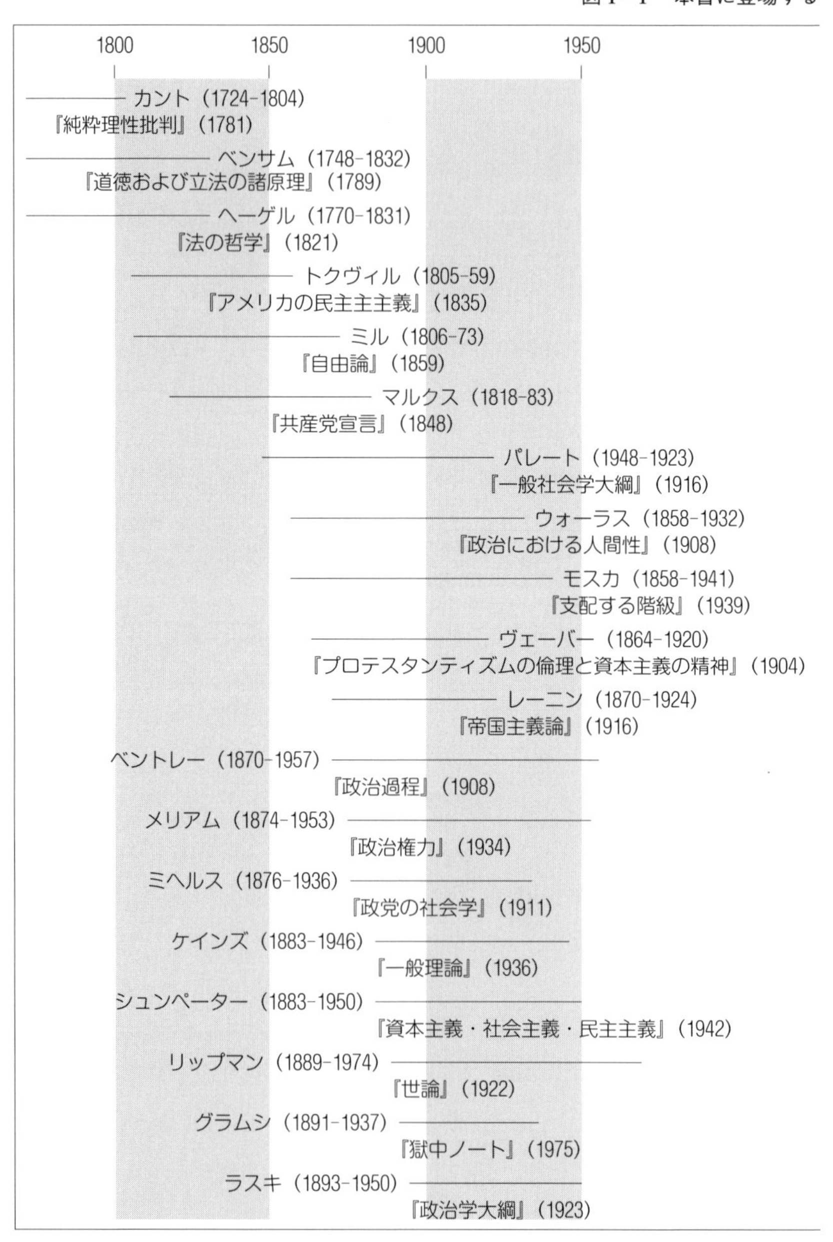
1800
1850
1900
1950
カント（1724-1804）
『純粋理性批判』（1781）
ベンサム（1748-1832）
『道徳および立法の諸原理』（1789）
ヘーゲル（1770-1831）
『法の哲学』（1821）
トクヴィル（1805-59）
『アメリカの民主主主義』（1835）
ミル（1806-73）
『自由論』（1859）
マルクス（1818-83）
『共産党宣言』（1848）
パレート（1948-1923）
『一般社会学大綱』（1916）
ウォーラス（1858-1932）
『政治における人間性』（1908）
モスカ（1858-1941）
『支配する階級』（1939）
ヴェーバー（1864-1920）
『プロテスタンティズムの倫理と資本主義の精神』（1904）
レーニン（1870-1924）
『帝国主義論』（1916）
ベントレー（1870-1957）
『政治過程』（1908）
メリアム（1874-1953）
『政治権力』（1934）
ミヘルス（1876-1936）
『政党の社会学』（1911）
ケインズ（1883-1946）
『一般理論』（1936）
シュンペーター（1883-1950）
『資本主義・社会主義・民主主義』（1942）
リップマン（1889-1974）
『世論』（1922）
グラムシ（1891-1937）
『獄中ノート』（1975）
ラスキ（1893-1950）
『政治学大綱』（1923）

主な政治学者

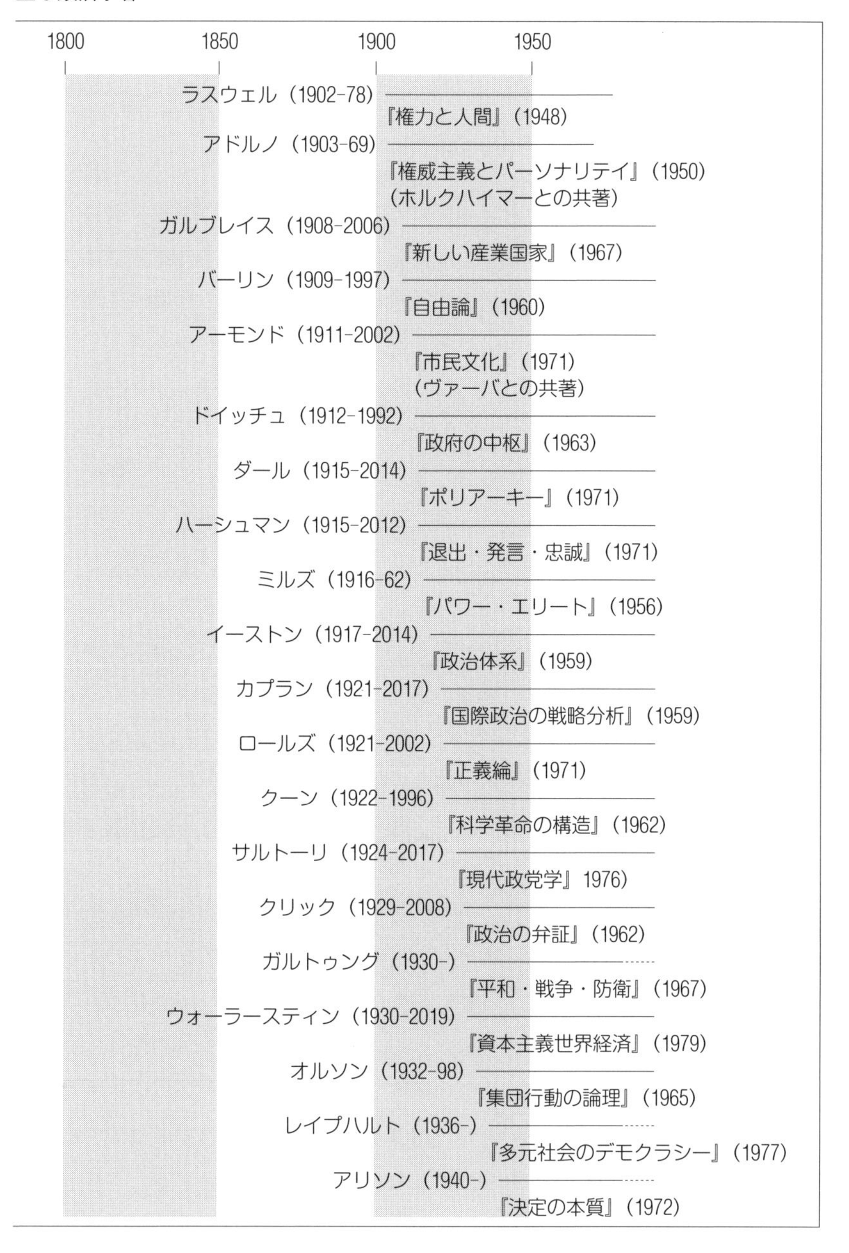
1800
1850
1900
1950
ラスウェル（1902-78）
『権力と人間』（1948）
アドルノ（1903-69）
『権威主義とパーソナリテイ』（1950）
（ホルクハイマーとの共著）
ガルブレイス（1908-2006）
『新しい産業国家』（1967）
バーリン（1909-1997）
『自由論』（1960）
アーモンド（1911-2002）
『市民文化』（1971）
（ヴァーバとの共著）
ドイッチュ（1912-1992）
『政府の中枢』（1963）
ダール（1915-2014）
『ポリアーキー』（1971）
ハーシュマン（1915-2012）
『退出・発言・忠誠』（1971）
ミルズ（1916-62）
『パワー・エリート』（1956）
イーストン（1917-2014）
『政治体系』（1959）
カプラン（1921-2017）
『国際政治の戦略分析』（1959）
ロールズ（1921-2002）
『正義論』（1971）
クーン（1922-1996）
『科学革命の構造』（1962）
サルトーリ（1924-2017）
『現代政党学』1976）
クリック（1929-2008）
『政治の弁証』（1962）
ガルトゥング（1930-）
『平和・戦争・防衛』（1967）
ウォーラースティン（1930-2019）
『資本主義世界経済』（1979）
オルソン（1932-98）
『集団行動の論理』（1965）
レイプハルト（1936-）
『多元社会のデモクラシー』（1977）
アリソン（1940-）
『決定の本質』（1972）

2　政治現象と政治学

今日，政治学の研究対象は多岐にわたり，様々な政治現象に対する様々な分析手法を駆使した研究が興隆を極めている。しかしながら，研究対象や分析手法の増加が，必ずしも科学としての政治学の発達に直結しているわけではない。特に，政治学の理論体系は，個別の政治現象に対する個別の理論の集合体という形式を取っており，そこに政治現象を捉えるための学問的な枠組として体系的な理論的パラダイムが整理されていないということは，いわゆる独立科学（ディシプリン）として致命的な弱点といえるであろう。そしてこのことは，政治という事象の核心に迫り，社会現象としての政治活動をより正確に把握し，将来における政策的インプリケーションを獲得していくための「手段」としての政治学を，より科学的な学問としていくために回避することのできない課題である。

本書では，このような問題意識に基づいて，より科学的な政治学の構築を究極の目的として，現代政治学の諸研究成果である各理論を再構成し，一つの試論としての体系化を遂行する。以下，現代政治学の諸理論を連携させる概念（コンセプト）を導出する視点として，分析の「視角」と分析の「範囲」という観点から，それぞれの理論を分類し，現代政治学の科学性を高める努力を展開する。

なお，本書では，以下，特にことわりがない限り，個別の政治現象を説明するための個別の論理の枠組を「理論」と呼び，それらの理論がいくつか集まって分析の視角という基準の同一性（後述）によって分類されるものを「理論群」と呼び，さらに，それらの理論群がいくつか集まって分析の範囲という基準の同一性（後述）によって分類されるものを「理論的パースペクティブ」と呼び，またさらに，それらがいくつか集まって一つの学問体系を構成する理論の集合体となった場合に，これを「理論体系」と呼ぶことにする。

ところで，現代政治学の諸理論における問題点を，ここで改めて大きく二つに総括して指摘しておきたい。問題点の指摘は現状の把握となり，そこから対策の模索たる政策論が生まれ，本章の構成もおのずと形成されるからである。

第一に，現代政治学においては，政治現象に対する共有された一貫する論理が明確に設定されている場合が少ない。これは，いわゆる統一的な分析の「視角」の欠如という問題である。ここでは，政治という現象の根源的な論理とは，実のところ非常に単純なものではないかという立場を取る。確かに，政治現象は複雑なものであり，他の社会現象との密接な関連と錯綜の結果として存在する事象であることは事実である。しかしながら，政治活動が意味するところとは，究極的には，ある意思が他の意思を支配する強制力であり，また，そうした強制力を背景として社会における諸紛争を解決するための調停を行うことである。したがって，ここでは，いわばこうした「支配の論理」と「被支配の論理」という概念を政治現象や政治活動に共通する一貫した論理として設定し，この論理に照射しながら現代政治学の諸理論を分類していくことにする。すなわち，これは横のダイヤグラムである。

第二に，より技術的な問題として，現代政治学がみずからの力量を駆使して政治現象の解明へ肉薄する場合に，社会現象の一種としての政治という事象を把握するスタンスが，同様にして明確に設定されていることが少ない。これは，いわゆる統一的な分析の「範囲」の欠如という問題である。ここでは，政治現象の単純性というよりも，むしろ分析者側のアプローチの単純性という要素に着目する。確かに，政治現象に限らず，あらゆる社会現象に対する分析者側の方法は多種多様なものであることは否定できないし，また，そうした様々な方法によって分析を行うことによって，当該事象のより真実に近い姿を把握することができるという有効性は厳然として存在する。

しかしながら，人間がものごとを把握する場合に最も初歩的かつ物理的に検討される要素とは，究極的には，全体の関係を捉えるか個別を捉えるか，換言すれば，大きな目で見るか小さな目で見るかという問題であろう。また，政治という現象の推移にとって，いわゆる支配の「最適サイズ」や「規模」といった要素が深く関連している事実は注目に値するといえる（スケール・メリット）。したがって，ここでは，これを第一の基準とにかけ合わせて現代政治学の諸理論を分類していくことにする。すなわち，これは縦のダイヤグラムである。

そこで，まず第二の基準（分析範囲）によって政治学の分類枠組を設定すれば，「ミクロ政治学」と「マクロ政治学」および「国際政治学」という三つの理論的パラダイムを設定することができる。ミクロ政治学とは，ある国家の枠組の内部において，政治現象に関わる個々の主体の行動に着目し，そうした政治主体の活動の要因や影響を考察する理論体系である。また，マクロ政治学とは，やはりある国家の枠組の範囲内において，特定の政治現象に関わる各主体間の関係や，ある政治現象と他の政治現象の相互作用などの要因や影響を考察する理論体系である。さらに，国際政治学とは，特定の国家の枠組という範囲を越えて，広く他の国家との関係や相互作用，または国際社会全体の政治変動などに関する要因や影響について考察する理論体系である。

重要なことは，こうした物理的な分析の範囲という基準に第一の基準をかけ合わせる作業である。すなわち，ここではミクロ政治学の理論の中で，特にある国家の統治活動に携わる主体の行動に着目した理論を「政治過程論」と呼び，逆に統治される側の主体の行動に着目した理論を「政治行動論」と呼ぶことにする。次に，マクロ政治学の中で，やはり同様にして，支配する側の論理という点にスタンスを取る理論を「政治体制論」と呼び，逆に支配される側の論理という点にスタンスを取る理論を「政治社会論」と呼ぶことにする。さらに，国際政治学の中で，国際関係の全体の趨勢を左右するような大きな力をもった国家もしくは諸国家の行動に着目している理論を「国際体制論」と呼び，逆にそうした国際社会全体の動向を一つの環境とし，その環境から影響を受けつつ自己の行動を選択する側の個々の国家の政策に着目している理論を「外交政策論」と呼ぶことにする。

ここで，それぞれの名称の中には，従来の政治学の議論の中で意義の異なる用法が取られているものも存在し，本書の前提には多くの問題が指摘されることであろう。しかしその検討については別の機会に行う予定であるため，ここでは省略することにする。なお，図1－2は，以上の議論をまとめたものである。横のダイヤグラムとして「支配の論理」と「被支配の論理」を設定し，縦

図1－2　現代政治学の新しい理論体系

	支配の論理	被支配の論理	該当する理論
ミクロ政治学	① 政治過程論	② 政治行動論	① 政治権力　支配階級論 意思決定論
			② 政治参加論　政党政治論 集団行動論
マクロ政治学	① 政治体制論	② 政治社会論	① 自由主義論　民主主義論 社会主義論
			② 国家社会論　大衆社会論 政治システム論
国際政治学	① 国際体制論	②外交政策論	① 現実主義論　制度主義論 構造主義論
			② 国家間政治論　国家体系論 政策決定者論

のダイヤグラムとして「ミクロの視点」と「マクロの視点」および「国際（超マクロ）の視点」を設定し，それぞれの具体的な政治学の諸理論および研究項目を配置している。

3　現代政治理論の分類

(1) ミクロ政治学

ミクロ政治学とは，国内の政治現象に関連する個々の政治主体の行動に着目し，その行動の要因や趨勢を明らかにするための考察を行う理論である。こうした理論の中には，国家を統治する側の主体の活動を分析するための理論群である政治過程論と，国家の内部においてそうした主体によって支配される側の主体の活動を分析するための理論群である政治行動論という二つの種類を設定できる。以下，それぞれの理論群の具体的な内容を簡潔に紹介していこう。

a．政治過程論

まず，政治過程論に分類される第一の理論は，「政治権力論」である。これは，統治する側の人々が，いかなる力によってその活動を行うかを考察する理論であるといえる。すなわち，ここでは支配の「源泉」が研究対象として設定されているのである。次に，第二の理論として，「エリート理論」が挙げられる。これは，統治する側の人々そのものの行動パターンについて考察する理論であるといえる。すなわち，ここでは支配の「主体」が研究対象として設定されているのである。第三に，「意思決定論」と呼ばれる理論が挙げられる。これは，統治する側の人々が，いかなる手続きを経てその行動を選択するのかを考察する理論である。すなわち，ここでは支配の「過程」が研究対象として設定されているのである。

こうした三つの理論群を駆使しつつ，我々はミクロの視点において，特定の政治現象が支配する側のどのような人々によって，いかなる力の源泉に基づき，また，いかなる過程によって導出されたものであるのかを考察することができるのである。

b．政治行動論

次に，政治行動論に分類される第一の理論は，「政治参加論」である。これは，統治される側の人々が，いかなる行動の種類によって統治する側の人々との相互関係を形成するのかを考察する理論である。すなわち，ここでは被支配の「活動」が研究対象として設定されているのである。同様にして，第二に，「政党政治論」と呼ばれる理論が挙げられる。これは，やはり統治される側の人々が，政党という統治する側の人々との間を間接的に接続する組織を通じてどのような政治活動を展開するのかを考察する理論である。すなわち，ここでは被支配の「組織」が研究対象として設定されているのである。第三に，「集団行動論」と呼ばれる理論が挙げられる。これは，政治活動を集団単位で行う被統治者たちが，個人的な単位で行動する論理とは異なる論理によって活動する問題を考察する理論である。すなわち，ここでは被支配の「論理」が研究対象として設定されているのである。

こうした三つの理論群を駆使しつつ，我々はミクロの視点において，特定の政治現象が支配される側のどのような組織を通じて，いかなる論理に基づいて，いかなる活動によって導出されたものであるのかを考察することができるのである。

（2）マクロ政治学

マクロ政治学とは，国内の政治現象に関連する個々の主体の相互関係や政治現象と他の社会現象との相互作用，または国家規模全体における政治変動に関わる要因や趨勢を明らかにするための考察を行う理論である。こうした理論の中には，支配の論理を具現する主体としての国家の社会体制を論ずる理論群である政治体制論と，逆に，被支配の論理を体言する主体の集合体である社会全体の動向を論ずるための理論群である政治社会論という二つの種類が存在する。以下，それぞれの理論群の具体的な内容について簡潔に紹介していこう。

a．政治体制論

政治体制論の第一に分類される理論は，「自由主義論」である。これは，統治する体制側の人々にとって，国民の自由というものがどこまで実現されるべきものであり，またいかなる政策的配慮によって実現されるものであるのかを考察する理論である。すなわち，ここでは政治活動における「自由」の許容範囲が論じられているのである。第二には，「民主主義論」が挙げられる。これは，やはり同様にして，統治する体制側の人々にとって，政治における民主性がどこまで実現されるべきものであり，またいかなる政策的配慮によって実現されるものであるのかを考察する理論である。すなわち，ここでは政治活動における「平等」の許容範囲が論じられているのである。さらに第三には，「社会主義論」が挙げられる。これは，現状の体制を所与のものとして考えず，常に変化し，改革される対象として把握し，個人の究極的な自由や平等の実現のために社会全体の動向に最も価値を置いた変革を遂行する哲学と手段を考察する理論である。すなわち，ここでは政治活動における「体制変革」の問題が論じられているのである。

そして，以上のような三つの理論群を駆使しつつ，我々はマクロの視点において，特定の政治現象が，支配する側のいかなる体制観によって導出されるものであるのかという問題へアプローチすることができるのである。

b．政治社会論

政治社会論の第一に分類される理論は，「国家社会論」である。これは，国家という枠組によって設定された一つの秩序範囲を与えられた社会というものが，いかなる特性をもつ存在であるのか，また，そこで生起する政治現象とそうした国家の特性との関連性を考察するための理論である。すなわち，ここでは支配される側の環境としての「社会状況」が論じられているのである。第二には，「大衆社会論」が挙げられる。これは，民主主義が実現された結果として，現代社会における政治活動の主体として台頭してきた大衆もしくは群集という存在が，自身においていかなる行動の特徴をもっているのか，また，そうした大衆行動によって政治現象がいかなる影響を被るのかという問題を考察するための理論である。すなわち，ここでは支配される側の主体としての人々の「心理」や「行動」の特徴が論じられているのである。第三には，「政治システム論」が挙げられる。これは，いわゆるシステム論の手法を用いて，様々な社会における政治的に共通な要素に着目し，異なる政治社会の比較可能性を増大させ，それを基に政治現象と社会構造の関連性を論ずることを目的とした理論である。すなわち，ここでは支配される側から見た政治システムの「構造」が論じられているのである。

そして，以上のような三つの理論群を駆使しつつ，我々はマクロの視点において，特定の政治現象が，支配される側のいかなる社会観によって導出されるものであるのかという問題に対してアプローチすることができるのである。

（3）国際政治学

国際政治学とは，いわば「超マクロ政治学」であり，これまで検討してきた理論群と異なり，国内で完結する政治現象を越えて，より広く国家間の相互作用や国際社会全体としての政治変動の要因や趨勢を考察するために構築された理論である。こうした理論の中には，国際関係の動向に甚大な影響を与え得る力をもった国家の活動に着目し，より大きな視点から国際政治を論ずる理論群である国際体制論（マクロ国際政治理論）と，そうした全体の動向を所与の環境として，むしろ強力な諸国の動向に対応していく形で自己の行動選択を行っていく国家の行動を考察するための理論群である外交政策論（ミクロ国際政治理論）という二つのパラダイムが存在する。以下，それぞれの理論群の具体的な内容について簡潔に紹介していこう。

a．国際体制論

国際体制論に分類される第一の理論は，「現実主義論（リアリズム）」と呼ばれるものである。これは，国際関係の動向を左右する要因としての「国力」という要素に着目し，いかなる国力の分布がどのような国際政治現象を導出するのかを研究対象として設定している理論である。すなわち，この理論は，国際政治現象の中の「対決」の要素を考察する理論である。第二に，「制度主義論（リベラリズム）」が挙げられる。これは，国際関係の動向を左右する要因としての「制度」という要素に着目し，いかなる制度的事象がどのような国際政治現象を導出するのかを研究対象として設定している理論である。すなわち，この理論は，国際政治現象の中の「協調」の要素を考察する理論である。第三は，「構造主義論（ストラクチュアリズムまたはネオ・マルキシズム）」と呼ばれるものである。これは，国際関係の動向を左右する要因としての「全体の図式」という要素に着目し，いかなる構図がどのような国際政治現象を導出するのかを研究対象として設定している理論である。すなわち，この理論は，国際政治現象の中の「構造」の要素を考察する理論である。

そして，これら三つの理論群を駆使しつつ，我々は超マクロの視点において，国際社会における支配する側の諸国によって導出される政治現象が，いかなる全体の構造の中において，いかなる論理によって対決の図式として表面化し，どのような制度によって協調関係として醸成されるのかという問題へアプローチすることが可能になるのである。

b．外交政策論

外交政策論に分類される第一の理論は，「国家間政治論」である。これは，国際政治現象を諸国家が施行する外交政策の集積として把握し，そうした外交政策によって生起する双方の国家や国際社会全体における影響を研究対象として設定している理論である。すなわち，この理論は，国際政治現象を導出する要素としての「国家間の政策面における相互作用」を考察するための理論である。第二に，「国家体系論」と呼ばれるものである。これは，やはり国際政治現象を諸国家が施行する外交政策の集積として把握し，そうした外交政策が国家の内部においていかなる過程を経て出力されるのかという問題を研究対象として設定している理論である。すなわち，この理論は，国際政治現象を導出する要素としての国家の「内部過程」を考察するための理論である。第三に，「政策決定者論」と呼ばれるものである。これは，やはり同様にして，国際政治現象を諸国家が施行する外交政策の集積として把握し，そうした外交政策が当該国家の政策決定者のどのような資質または心理的な要素によって選択されたものであるのかという問題を研究対象として設定している理論である。すなわち，この理論は，国際政治現象を導出する要素としての政策決定者の「内面的要素」を考察するための理論である。

そして，これら三つの理論群を駆使しつつ，我々は超マクロの視点において，国際社会における支配する側の諸国によって行動を規定される側の国々の政治活動が，いかなる他国との関係において，どのような国家システムとしての論理によって，また，いかなる政策決定者の内面的要素によって選択されるのかという問題へアプローチすることが可能になるというわけである。

第2章

ミクロ政治学

1　政治過程論

[要点] ミクロ政治学は政治現象を把握するための方法として，個々の政治主体の活動に着目し，その行動の論理を解明する立場の政治学理論である。したがって，これらの理論が取り扱う題材は，いわゆる支配する側の権力者集団の活動や支配される側の利益集団の行動などである。ここではます，支配者の統治力の源泉である政治権力の意義，また，統治者集団の行動原理，さらには，それらの政治エリートたちの意思決定過程に関する議論である政治過程論に属する三つの理論を紹介する。

（1）政治権力論

アメリカ政治学の興隆

ところで，現代政治学の成果が，その多くをアメリカにおける業績に依存していることは周知のとおりである。特に，1930年代以後，それまで政治学の中心地であった西ヨーロッパから大量の有能で意欲ある研究者がアメリカに移住することを通じて，この傾向は決定的な恒常化の様相を呈することになり，今日における**アメリカ政治学の興隆**（📖1）へと結晶することになった。

こうして，アメリカにおいて発達した現代政治学は，必然的にその土壌の特質から影響を受けたいわば「アメリカ的」な学問の一分野としての特徴を有している。ここでアメリカ政治学の特徴とは，第一に，経験的かつ実証的であり，第二に，自然科学的手法を導入しており，第三に，その視点がミクロ的かつ分析的な傾向が強いという三つである。いずれも，**プラグマティズム（実践主義）**（☺①，② ▶ p. 23）の哲学を土壌とするアメリカらしい特徴といえる。理念よりも事実を重視し，倫理的ではなく実際の数量によって判断し，そして，ものごとの詳細を極限にまで分解して綿密に検討するという姿勢である。それは，理念的であり，哲学的であり，思弁的であり，かつマクロ的であった19世紀的なヨーロッパ流の政治学の伝統と並ぶもう一つの新しい政治学の誕生であったといえよう。

ちなみに，経済学の分野においても同様の傾向があり，ヨーロッパ流の理論

📖：用語解説

1アメリカ政治学の興隆

こうした傾向を助長した第一の要因としては，まず，国際関係における覇権国がイギリスからアメリカへ移行したという事情が挙げられるだろう．世界の歴史を概観すれば一目瞭然であるように，いつの時代も，学問文化というものは，経済が活況を呈し，軍事的にも強力で，社会が安定している国や地域において発展するものである．また，特に自然科学的な研究は，膨大な経費を必要とするものが多く，そうしたコストを負担して尚あまりある国力を有する国は，それほど多くはない．学問の発達に最も適している条件を兼ね備えている国とは，やはり他国に優越する国力を有している覇権国ということになるのである．したがって，こうした傾向は政治学に限られるものではなく，20世紀の学問文化の中心地は，いずれの領域でもアメリカという国にあったといえよう．折しも，当のアメリカという国自体が，いわゆる伝統的な孤立主義から干渉主義への外交的な政策の転換を通じて，みずからが覇権国として位置付けられる事実に対する積極的な自覚を持つに至って，この傾向に拍車がかかったことは想像に難くはない．第二には，20世紀の初頭から没落し始めたヨーロッパ地域において，1930年代にはその活性化の一つの方法としての全体主義（ファシズム）が横行し，特に，イギリスと並んでいわばライバル的な位置付けにあったほど政治学の研究が盛んであったドイツにおけるナチズムの登場は，自由で活発な政治学の研究を阻害することになった．とりわけ，ナチスの政策に反発する知識人や言論人，またはその人種差別政策に基づくユダヤ系人民に対する迫害行為は，これらの人々の恐怖心を醸成し，多くの有能な人的資本を国外へ追いやる結果を生んだ．そして，その一つの事例が，大量の政治学者のアメリカへの移住という現象であったわけである．こうしてヨーロッパからアメリカへ渡った政治学は，この地でプラグマティズムの洗礼を受け，従来の歴史的・哲学的な研究方法から経験的・実証的な研究方法へとその主流を移行させることになった．その旗手はイーストンの政治体系論（政治システム論）であり，ここに行動論革命という概念が提唱された．政治学に自然科学（行動科学）的手法を導入し，そのデイシプリン（独立科学）としての自律性と実証性を高めようとするこの学術運動は，アメリカを中心として世界的な広がりを見せ，日本の学界にも多大の影響を与えた．しかしながら，ほどなくそうした手法の分析効果に関する限界が指摘されるようになり，まさにイーストン自身によって，行動論革命の経験を生かしたより一層の政治学の発展を目指した脱行動論革命が提唱された．

的な研究よりも実証的な研究が数多く展開されたのが，アメリカ経済学および現代経済学の異端派として名高いアメリカ制度学派の研究の特徴であった。こうして現代政治学においては，ヨーロッパ流の政治学の伝統を継承するマクロ政治学と，アメリカ流のミクロ政治学という二つの金字塔が存在することとなった。

さて，名実ともに「現代政治学の父」と呼べるのは**メリアム**（☺③ ▶ p. 25）ではないだろうか。彼は，後に現代政治学の主流派を形成することになる**シカゴ学派**（📖2）の開祖であり，20世紀初頭のワイマール共和国の政治体制を研究した業績で有名な学者である。後年，アメリカ政治学が，科学的な分析手法，共同研究，実態調査などを旨とする実証科学としての政治学の主役を体現し，また，多くの有能な政治学者たちが輩出する基礎は，彼によって作り上げられたといってよい。

■権力の調停機能

メリアムによれば，政治権力とは，社会集団の統合現象およびその際に集団の内部で生起する紛争を調停するための活動に必要な政治力であると定義される。すなわち，社会に生息する人間がもつ集団形成の必要性とその有効性が権力を出現させるというわけである。人間は，社会において一人だけの力では生きていくことはできない。自己の力だけでは達成できない目的を実現するためにも，人間は不可避的な活動として集団を形成する。そして，そのような事情によって形成された集団の中で，必然的に権力が登場するのである。また，その権力の基盤としては，第一に，他者を従わせるための物理的な強制力，第二に，心理的な強制力としての知性象徴（クレデンダ）と感情象徴（ミランダ）（📖3）を挙げている。ここで，知性象徴というのは，権力の当事者である権力者がもっている人間としての後天的な能力を意味している。また，感情象徴というのは，権力者がもっている人間としての先天的な魅力を意味している。逆にいえば，クレデンダは，支配者がもっている被統治者たちの理性に訴える要素であり，ミランダは，被統治者たちの感情に訴える要素である。両者を合わせれば，すなわち，このような有能な人に，また，このような良い人柄の人

📖：用語解説

2シカゴ学派

シカゴ大学といえば，日本では一般に，政治学よりも「新自由主義（マネタリズム）」の旗手として活躍したミルトン・フリードマンをはじめとする現代経済学のシカゴ・スクールが有名であるが，現代政治学においてもメリアムやラスウェルをはじめ，国際政治学におけるリアリズムの大御所であったハンス・モーゲンソーなどの巨人たちを輩出し，その発展にも寄与してきた．おそらく今後も，政治学や経済学に限らず，地理学，歴史学などの社会科学全般における学問の中心地として偉大な貢献をしていくことが予想される．なお，メリアムらの戦前のシカゴ学派に対して，ラスウェルやアーモンドらの戦後派を新シカゴ学派と呼ぶ場合もある．

3クレデンダ（知性象徴）とミランダ（感情象徴）

「知性的なもの」や「感情的なもの」というよりは，それによって影響を与える人間の「知性にうったえるもの」や「感情にうったえるもの」と考えた方が理解しやすい．ある政治家が体格の良い見映えのする外見によって人望を得ていればそれは彼の得票の源泉がミランダであるといえるだろうし，また，別の政治家が彼の抱く政策理念の素晴らしさによって人々の支持を得るならばそれは彼の政治力の根源がクレデンダであると考えられるわけである．実際には，一人の人間や一つの体制がこれら双方の要素を備えていると考えるのが現実的であろう．

☺：人物紹介

①イーストン，デイビッド
（Easton, David：1917-2014年）

アメリカの政治学者，シカゴ大学，カリフォルニア大学教授を歴任．戦後のアメリカ政治学界を代表する大御所であり，戦前のメリアム，ベントレー，ウォーラスを現代アメリカ政治学の御三家と呼ぶならば，戦後の彼とアーモンド，ラスウェルを新御三家と呼ぶことができよう．政治学における行動科学，特にシステム論の導入を提唱し，いわゆる「行動論革命」を推進した．しかし，1970年代以降はその限界に自ら悩み，彼自身が「脱行動論革命」を主張しつつ，政治的社会化の研究へと駒を進めることになった．主著に，『政治体系（*The Political System*）』（1953年），『政治分析の基礎（*A Framework for Political Analysis*）』（1957年）などがある．

②アーモンド，ガブリエル・エイブラハム（Almond, Gabriel Abraham：1911-2002年）

アメリカの政治学者，スタンフォード大学教授．メリアム，ラスウェルらを受け継ぐシカゴ学派の継承者であり，また，イーストン流のシステム論の洗礼も受けた．比較政治学や地域研究論の大家としての足跡を残す一方で，いわゆる政治文化論の先駆者として途上国研究や構造＝機能・分析などの分野で業績を挙げた．主著に，パウエルとの共著として『比較政治（*Comparative Politics*）』（1966年），ヴァーバとの共著として『市民文化（*The Civic Culture*）』（1971年）などがある．

に権力者となって欲しいと被統治者が考えるような存在が出来上がるわけである。

権力の実体論

さて，メリアムの業績を受け継いだ**ラスウェル**（☺④）は，いわゆる実体論的な視点から，権力自体の分析と権力者の分析を区別するという業績を展開した。そこでは，まず，権力がもつ「決定作成活動への参与」という側面に焦点を当て，有名な権力概念の定義を行った。それは，「G が H の K 政策に影響を及ぼす参与を行い得るならば，G は価値 K に関し，H に対して権力をもつ」というものであった。このような定義の背景には，権力を有する支配者と被支配者との関係がいわば価値剥奪可能性が存在する関係であるとの認識が存在している。

また，「権力追求者」の行動に関する定義としては，彼が保有する価値剥奪への自衛手段や彼に対する他者からの低評価を克服するための行為としている。特に，権力追求者から実際の権力を握った「政治的人間」への転化を，以下のように定式化したことは特筆すべきである。

$$p \} \ d \} \ r = P \cdots\cdots ①$$

ここで，P は政治的人間，p は私的動機，d は p の公的目標への転換，r は p の公的象徴による合理化を表現している。なお，ラスウェルがこうした定式化に基づいて，政治的人間を，**ａ．扇動家型（劇化型）**，**ｂ．行政家型（脅迫型）**，**ｃ．理論家型（冷徹型）**に類型化し，それぞれを王様，武官，文官にたとえていることを付け加えておく（📖④）。

権力の関係論

最後に，**ダール**（☺⑤）の業績であるが，ここでは権力の数量的な定式化が試みられている。彼は，権力を，「他者の影響がなければ a がしないであろうことを A が a に行わせしめることができた場合に，A は a に対して権力を

📖：用語解説

4 扇動家（劇化）型・行政家（脅迫）型・理論家（冷徹）型

ここでは一般に，扇動家は「王様」に，行政家は「武官」に，理論家は「文官」にそれぞれたとえられている．扇動家は「これをすればこれだけ素晴らしいことになるぞ」というわけで，いわば「鳴かせてみようホトトギス」であり，行政家は「こうしなければこれだけ悪いことになるぞ」というわけで，いわば「殺してしまえホトトギス」である．また，理論家は「いずれはこうなることであろう」というわけで，いわば「鳴くまで待とう」である．現代社会においても，たとえば会社の経営や学校のクラブ活動のリーダーシップ類型として応用することによって，興味深い分析が可能となることであろう．

☺：人物紹介

③メリアム，チャールズ・エドワード（Merriam, Charles Edward：1874-1953年）

アメリカの政治学者．シカゴ学派の総帥としてラスウェルをはじめとする数多くの有能な弟子を育て，行動科学の父，アメリカ政治学の父などの尊称を受けた．また，実際の政治家・行政家としても活躍した．アメリカを中心とする現代政治学の基礎を作る偉大な足跡を残した．学者としての主著に，『政治権力（*Political Power*）』（1934年）がある．

④ラスウェル，ハロルド・ドゥワイト（Lasswell, Harold Dwight：1902-78年）

アメリカの政治学者．メリアム政治学の正当継承者として，権力への社会心理学的アプローチからマス・コミ研究を経て政策科学を提唱し，論理実証主義的政治学への道を開拓した．主著に，『権力と人間（*Power and Personality*）』（1948年）がある．

⑤ダール，ロバート・アラン（Dahl, Robert Alan：1915-2014年）

アメリカの政治学者．イェール大学教授．行政者としての経験も豊富な守備範囲の広い学者として有名．比較政治学，現代政治理論，民主主義論などの業績で知られ，政治学に経済学の視点を導入した先駆者の一人でもある．主著に，『民主主義理論の基礎（*A Preface to Democratic Theory*）』（1956年），『ポリアーキー（*Polyarchy*）』（1971年）などがある．

もつ」と関係論的な視点から定義した。これは，換言すれば，「A が a に対して何もしない時に a がある行為 x を行う確率と，A がある働きかけ w を行った時に a が x を行う確率の差」が権力の大きさであることを意味した定義である。そして，以上の議論を数式で表現すると，以下のようになる。

$$M:(a/A: w,\ x) = P(a,\ x/A,\ w) - P(a,\ x/A,\ \bar{w})$$
$$= P1 - P2 \cdots\cdots ②$$

ここで，M は権力の大きさ，（A，w）は A が w を行うこと，（A，$\bar{w}$）は A が w を行わないこと，（a，x）は a が x を行うこと，P（u/v）は v が起こった場合の u が起こる確率を意味している。したがって，権力関係は，二人の行為者（A と a）およびそれぞれの行為（w と x）の四つの要素で決定されるというわけである。なお，以上のような権力理論の課題としては，我が国の**丸山眞男**教授（☺⑥）による指摘が有名である。それは，権力概念の内容に関するものであり，権力を「実体」としてとらえるべきか（ラスウェル型），「関係」としてとらえるべきか（ダール型）という問題である（📖5）。しかし，このような問題は，それぞれが権力の内容に関する一面の真理を把握している以上，決着のつかないものであり，むしろ権力には，実体と関係の双方の側面が存在すると考えた方が科学的な認識としては正確ではないだろうか。

さて，ここでは，ミクロ政治学の最初の理論として政治権力論を紹介してきたが，政治現象が人間の営みによる現象である以上は，権力を行使する側の人々の行動を把握するための枠組が必要となろう。次項で紹介するエリート理論は，こうした問題意識に基づいて登場した理論である。

（2）エリート理論

支配階級と被支配階級

ところで，次章におけるマクロ政治学の部分でも詳しく紹介するように，現代社会における政治理念として，いわゆる「万人に対する自由と平等の実現」という命題は決定的な意義をもつものであり，自由主義や民主主義と呼ばれる

📖：用語解説

5 実体概念と関係概念

たとえば，ある人間が物質的かつ精神的に絶対性をもった存在であるという考え方は，実体論的にその人間を捉える方法である．何故なら，別に他の人間が存在しなくとも，その人間はそこにいるということになるからである．しかし，ある人間があくまでも他の人間との相対的な存在であるという考え方は，関係論的にその人間を捉える方法である．他の人間との関連性の中に存在意義を見出すことになるからである．私見によれば，権力とはその片方だけのものではなく，双方の要素をもったもの（実体でもあり同時に関係でもある）と考えられる．

☺：人物紹介

丸山眞男（Maruyama, Masao：1914-96年）

日本を代表する政治学者，歴史学者，思想家．東京大学教授として活躍した．東洋政治史における業績と，それを西洋政治史との関連から位置付ける作業を通じて，いわゆる丸山政治学と呼ばれる分野を確立した．前者は，江戸時代における儒学から国学に至る思想展開を論じたものであり，また後者は国家主義，ナショナリズム，ファシズム，天皇制，スターリニズム，毛沢東主義などの思想的系譜を論じた研究成果であり，それぞれ主著『日本政治思想史研究』（1953年），『現代政治の思想と行動（増補版）』（1964年）として刊行されている．

現代政治思想の根幹を成す考え方である。しかしながら，政治活動それ自体は，ある集団が他の集団を統治するという支配＝被支配の相互関係であることもまた事実である。少なくとも，そこでは政治的決定において一般の人々よりも大きな影響力をもつ人々（政治エリート）が出現する必然性が存在するのである。ここで1930年代以後の政治学において盛んに取り上げられたこのエリート研究の理論を紹介する。

エリートの心理学

支配階級の行動原理に着目した先駆者は，**パレート**（☺⑦，📖6）である。彼の議論は，エリートとして行動する人々の心理的な側面に着目したものであり，そのポイントは以下のような三つの項目である。第一は，マルクス主義批判という点である。マルクス主義的な考え方においては，現代の資本主義社会における労使対立が革命によって消滅すれば，そこにはプロレタリアートの天国たる無階級社会が成立するとしていた。しかし，あらゆる方法を用いて労使対立を消滅させたとしても，そのことは全階級闘争の終焉を意味しない。なぜなら，社会が政治的活動の要素を必要とする限り，その本質において支配＝被支配の関係が残存し，新たな形態による階級対立が誕生するというわけである。

こうした認識は，たとえば旧社会主義諸国において，革命によって新しい体制が作られたにもかかわらず，今度は共産党のエリート幹部たちと一般人民との支配＝被支配の関係が形作られたことなどを見事に予見しているといえる。そして，このような認識の上に立ち，第二に，統治エリートと非統治エリートとの間における政府内の行政者間の対立という点を論じているのである。

ところで，この議論の中で最も注目すべき点は，第三のポンイト，すなわち**「エリートの周流」**（📖7 ▶ p. 9）という概念である。これは，エリート層とノン・エリート層の間を個人がメンバーを替えながら往復するという考え方であり，この往復活動がスムーズに遂行されている限りにおいて，当該社会の均衡（社会的均衡）が保たれるというものである。つまり，時間の経過に伴って，エリート＝ノン・エリートという社会の構造自体は変化しないが，その構成メンバーは交替し，さらに，その交替が円滑であれば，安定的な社会が維持され

📖：用語解説

6パレート最適

現代経済学では，他の主体の効用を減ずることなしに特定の主体の効用をそれ以上増加させることが不可能な状態をパレート最適の状態と呼ぶ（もちろんエリート理論のパレートと同一人物である）．たとえば，500円のおこづかいをもっている二人と300円のおこづかいをもっている三人によって構成される集団において，それぞれの構成員が，自分がその金額のおこづかいをもつに至るにはそれなりの理由が存在するからであり，これは一種の社会的均衡の状態だというわけである．すなわち，こうした論理の背景には，社会状況としてのゼロ・サム・ゲームという前提が存在していると考えられ，他者の効用を減少させなければ自分の効用を増大できないのである．その意味では，これは最適と呼ぶにふさわしい基準であろう．もちろん国際社会における南北格差の問題などに単純に適用して考えるならば，これは少なくとも最適の状況とはいい難い．そこには，政策論的意義としての極めて強い保守性（現状の従属構造の固定化）という要素が読み取れるからである．しかし，現代の政治学や経済学においても，残念ながらこれに代わるより良い最適基準の研究成果は見当らないままである．

☺：人物紹介

⑦パレート，ヴィルフレッド・フェデリコ（Parato, Vilfred Federico：1848-1923年）

イタリアの経済学者，社会学者，政治学者．ローザンヌ大学教授．自然科学や工学の勉強を経て経済的自由主義のイデオローグとして活躍した後，数理経済学や理論経済学の分野において卓越した業績を展開したが，同時に社会学者としても有名であり，現代社会学理論の父と呼ばれている．主著に，『一般社会学大綱（*Trattato di sociologia generate*）』（1916年）がある．

るわけである。

エリートの組織論

このような支配階級のメンバーシップや交替組織論という問題により綿密な取り組みを見せた業績は，**モスカ**（☺⑧）によって提示されている。彼は，パレートが支配階級の人々の心理的要素を重視するのに対して，むしろ支配階級の組織化要素という側面を重視する議論を展開した。それは，すなわち，少数の支配階級（権力者）と多数の被支配階級（被権者）という社会の構図は永遠不滅のものであり，それが逆に多数の支配者と少数の被支配者という構図になることはありえないと論じている。なぜなら，構成員が少数であればあるほど組織化に関わるコストが少なくて済むからであり，また，少数者の方が状況の変化に応じた迅速かつイノベーティブ（革新的）な活動を積極的に展開できるからである。

それではこうした支配階級のメンバーは固定化されているのであろうか。また，被支配階級の人々は，永遠に被支配階級の人間であり続けるのであろうか。ここでは，ノン・エリート階級の人々のエリート階級への上昇という問題が，「エリートの補充」という側面から論じられており，その方法として「子孫による補充」と「実力による補充」という二つが挙げられている。そして，両者による補充の量的な割合のバランスが取れていることが大切であり，すなわち，子孫による補充は社会の伝統的な要素を継承し，実力による補充は社会の現象変化に革新的に対応する役割を，それぞれ担う人材を充当するというわけである。

寡頭制支配の原則

さて，これまでエリートの心理的要素を重視するパレートの議論と，組織化要素を重視するモスカの議論を見てきたが，こうした人間的な要素と組織的な要素の双方を重要な要素として認識しつつ，両者の議論を包括的に統合した議論が**ミヘルス**（☺⑨）によって提示されている。そして，この研究も，やはり寡頭制（少数支配）の原則を題材としたものであった。彼の組織的要素に関

📖：用語解説

7エリートの周流

被支配者たるノン・エリート集団は支配者たるエリート集団によって政治的な支配を社会構造的に受けているが，時間の経過に伴って，エリート集団はその人員の不足（老齢化や死亡または失脚などの転落による）をノン・エリート集団から補充する．その方法は，ノン・エリート集団の中で優秀な能力を有する人々が「実力」でのし上がる場合と，ノン・エリート集団の中に存在するエリートと「縁故関係（親子や親戚または特に親密な社会的関係など）」を有する人々がエリート集団からの力添えによって成り上がる場合とが考えられる．そして，この二つの方法によって補充されるエリート数の割合にある程度の釣り合いが取れている場合に社会的均衡（社会が安定的になる）の状態が保持されるというわけである．前者は，エリートとして社会の革新的な領域の役割を担う思想や活動を体現する人々であり，後者は逆に，エリートとして社会の保守的な領域の役割を担う思想や活動を代弁する人々だからである．革新性は社会の新たな発展に不可欠な要素であり，また保守性は社会の秩序を維持するために必要な要素である．なお，この図で表現されている重要な点は，社会構造としてのエリート＝ノン・エリートの支配＝被支配関係自体は変わらないが，時間の推移に伴って，その構成員（メンバー）は交代する「エリートの周流」という論理である．

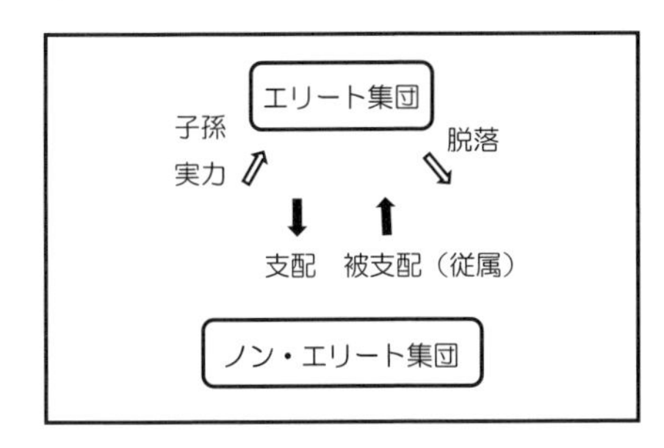

☺：人物紹介

⑧モスカ，ガエターノ（Mosca, Gaetano：1858-1941年）

イタリアの政治家，ジャーナリスト．また，トリノ大学ローマ大学で教鞭を取った．議会制民主政治が時間の経過とともに特定の党派に権力を握られてしまうという寡頭政治必然論で知られる．一般に，政治学においてはエリート理論における業績で評価されている．主著に，『支配する階級（*Gl' Element di scienza Politica*）』（1939年）がある．

⑨ミヘルス，ロバート（Michaels, Robert：1876-1936年）

ドイツやイタリアで活躍した社会学者，政治学者．バーゼル大学やペルージア大学の教授などを歴任．しかし，本業はドイツ社会民主党に所属する政治家であり，同党の分析を通じて民主主義社会における寡頭制支配の原則を導出した．主著に，『政党の社会学（*Zur Soziologie des Parteiwesens in der modernen Demokratie*）』（1911年）がある．

する論理は以下のようなものである。すなわち，組織の拡大は，統治コストの節約という要因によって，官僚制や代議制の形態を取るようになり，必然的に，少数者による運営へと進んでいくというわけである。このあたりの議論は，先のモスカ流の議論を継承しているといえよう。また，人間的要素に関する論理については，権力者の自己保身という問題から論じられている。すなわち，一度権力を握った人間たちは，自己の地位を揺るぎないものとして確立するために，組織の目的を実現することよりも，組織自体の構造を維持することに努力を傾注するというわけである。このあたりの議論は，支配階級の理論というよりも，むしろ権力理論との共通性を感じさせるものであり，政治現象が体系的に連関しているという証拠であろう。

ところで，ミヘルスの理論の最も注目すべき結論は，人類の歴史が「民主制」と「貴族制」との反復交替の歴史であると論じている点である（📖8）。すなわち，民主政治の弊害を克服するためには貴族政治の要素を取り入れなければならず，逆に，貴族政治の弊害は民主化によって克服されるという事実に着目し，それぞれの時代の人々は，時間の推移とともに，「かつて自ら戦った相手に似かよっていく」ことになるというわけである。こういう議論を聞くと，人類が同じ過ちを繰り返す歴史を重ねてきた理由が理解できるというものであろう。

エリートの制度論

現代政治学の支配階級の理論に関する業績として最も通説的な扱いを受けているのは，**ミルズ**（☺⑩）の研究である。彼は，従来の研究が心理的要素や組織的要素に着目したのに対して，エリートの行動や地位に関する制度的要素に注目した。そこでは，エリートたちの階級や個人的にもっている資質などは二次的な要素に過ぎないとされる。すなわち，権力者は，富や名声や物理的強制力など，社会的に効果的な手段が集中されている社会構造における戦略的な支配的地位を占拠しているがゆえにエリートなのだというわけである。つまり，エリートは，エリートとしての能力があるからエリートなのではなく，むしろ，エリート的な地位や職位にあるからエリートなのである。ミルズは，このよう

📖：用語解説

8 君主制・貴族制・民主制

政体の種類として，単一の世襲者によって統治される政治形態を君主制と呼ぶ．君主制の歴史は非常に古く，古代や中世の時代から存在していたが，社会の伝統や慣習に縛られることなく君主自身の恣意が存分に権力として反映されることになったのは，いわゆる絶対主義王政の時代からである．このような政体は，中世から近代にかけての市民革命によって急激に減少し，政治形態の主役の座を共和制に明け渡すことになるのであるが，今日でも日本，イギリス，タイ，オランダなどの国々においては，君主の権力が制限的に憲法の下に置かれている政治形態＝立憲君主制として残存している．これに対して，少数者によって統治される政体を貴族制，多数者によって統治される政治形態を民主制と呼ぶ．前者は，家柄，門地，血縁，財産などによって特権を有する人々が支配する政治であり，これが堕落し，富める階級が自己利益のために少数専制を行うようになると，特に寡頭制と呼ぶこともある．また，後者は，市民革命の時代から今日に至るまで，政体の望ましい形態としても認識されている．

☺：人物紹介

⑩ミルズ，チャールズ・ライト

（Mills, Charles Wright：1916-62年）

アメリカの社会学者，政治学者，コロンビア大学教授．アメリカ流のプラグマティズム（実践主義）からヴェーバー流の社会学の洗礼を経て，マルクス主義へ傾倒した．大衆社会の病理や中間階級の研究によって名を馳せた．主著に，『ホワイト・カラー（*White Collar*）』（1951年），『パワー・エリート（*Power Elite*）』（1956年）などがある．

な重大決定を下し得る職責や地位にある人々を，「パワー・エリート」と呼んだ。

さて，以上に見てきたエリート理論は，特に，政治的要素が経済的要素によって支配されない側面があることを強調した議論として，現代政治学における重要な意義を有している。エリートの活動は，むしろ経済的要素を引っ張っていく側面が存在するのである。また，政治権力論と並んで，アメリカ政治学の興隆という現象を生み出すのに多大な貢献をした議論であるといえる。ただし，こうしたエリートによる支配構造をいかなる形態へ是正していくのかという政策論的な視点がない。このあたりが，今後の政治学の課題になるであろう。

さて，以上，エリート理論を紹介してきたが，政治現象のミクロ的視点のうち，特に支配の論理に関する議論を総括させるためには，このような支配する側の人々の行動や力量を把握するとともに，それらの人々がいかなる政治過程を経て政策を作成・決定するのかを捉える枠組が必要となる。したがって，この政治過程論の最後に，以下の意思決定論を紹介する。

（３）意思決定論

合理性と非合理性

社会集団がいかなる過程を経てその意思決定を行うかという問題に取り組んだ業績は，政治学の領域だけにはとどまらない。むしろ，経済学的な手法を駆使した科学的な研究成果としての**「ゲーム理論」**（📖⑨）や有名な**「一般可能性定理」**（📖⑩，☺⑪⑫）などは，その主流派の業績である。こうした研究には，いわゆる「経済人の仮定」という前提が設定されている。それは，端的にいえば，合理的行為者としての人間モデルであり，行動の当事者たる人々は常に自己利益の極大化を目指して活動するという仮定である。しかし，このような合理性という概念は，一般的に考えてもその現実適合性に多くの限界をもつものである。

政治学では，むしろこうした非合理的または限定的な合理性という認識を重視する。すなわち，当事者は数々の制約の中でごく限定された合理性だけを有する存在として行動するという前提である。また，同時に，いかなる過程で決

📖：用語解説

9 ゲーム理論

数学的手法を用いて二つ以上の主体による合理的選択状況を分析する方法であり，そこには紛争や交渉を科学的に解明しようという学術的意図が存在している．当事者である主体をプレイヤーと呼び，そこで遂行される取り引きをゲームと呼び，各主体がそれぞれ自己の利益を最大化するための選択行動を利得行列によって明らかにしていくのである．全プレイヤーの利益の総和がゼロになるようなゲームをゼロ・サム・ゲームといい，国際貿易などはその一種である（世界中の全ての国の国際収支の総和はゼロである）．しかし，社会的なゲームにおいては非ゼロ・サム的な場合も多く（たとえば軍拡競争など），このような状況の分析のために囚人のジレンマ・ゲームを典型とするノン・ゼロ・サム・ゲームの研究も取り組まれている．

10 一般可能性定理

民主主義体制における最も一般的な意思決定方法である多数決原理の矛盾を，科学的手続き（数学的手法）を用いて証明した定理である．この定理によれば，たとえば民主制を基調とする意思決定を行う複数の構成員を有する組織において，三つ以上の選択肢から一つを選ぶ投票行動を行う際などに実際の構成員の意思とは異なる決定が下されることの科学的意義などが解明できるのである．一般に政治学や政治経済学の分野において，いわゆる多数決原理の「落とし穴」を指摘した業績として，「コンドルセの矛盾」とともに投票のパラドックスを解明する手法として高く評価されている．

☺：人物紹介

⑪アロー，ケネス（Arrow, Kenneth Joseph：1921-2017年）

アメリカの理論経済学者．ハーバード大学，ジェームズ・ブライアント・コナント大学などの教授を歴任し，1972年にはノーベル経済学賞を受賞している．いわゆる「投票のパラドクス」に関する議論は，政治学の分野においても不滅の業績として賞賛されている．主著に，『社会的選択と個人的評価（*Social Choice and Individual Values*）』（1951年），『組織の限界（*The Limits of Organization*）』（1974年）などがある

⑫コンドルセ，モーリック・ド（Condorcet, Mauriquis de：1743-94年）

フランスの数学者・政治家．数学者としてコンドルセの定理を提唱するとともに，政治家としてもフランス革命期の憲法草案者の一人として活躍した．主著に，『人間精神進歩の歴史(*Esquise d'un tableau des Progres de l'esprit Humain*)』がある．

定が行われたのかという問題と並んで，いかなる公正基準において決定がなされるべきかという問題も重視するというわけである。ここでは，こうした政治学の領域において行われた議論を紹介する。なお，限定的合理性という考え方自体は，むしろ政治学ではなく経営学の分野において登場した概念であり，また，公正基準の問題については，経済学においても，厚生経済学などの業績が存在することには言及しておく必要があろう。

■意思決定の規範理論

さて，公正基準の問題について画期的な業績を提示したのは，**ロールズ**（☺⑬）である。「正義論」という名も手伝って，一躍有名になったこの議論は，意思決定の公正基準を論じたものであり，以下のような二つの前提から出発する。一つは，「原初状態」というものであり，これは一種の原始的な社会の状態を意味している。もう一つは，「無知のヴェール」というものであり，そのような状態の社会の中で生息する人々に，あらゆる面で偏見や先入観などのバイアスが存在しない状態であることを意味している。こうした二つの前提に立って，ロールズは以下のような二つの原理を提示している。

第一原理は，「平等原理」と呼ばれるものである。これは，各個人が，他の人々との類似した自由と両立する限りにおいて，最も広範な基礎的自由への平等な権利をもつべきであるという論理である。したがって，逆にいえば，他人の自由とは両立しないような状態においては，権利が不平等になる場合もあり得るという意味である。

そこで，第二原理としての「**格差原理（不平等原理）**」（📖⑪⑫，☺⑭）が登場する。ここでは，社会経済的な不平等は，最も不遇な人々に最大の利益をもたらすように，また，公正な機会均等の条件の下で，すべての人々に解放された地位と職位とに付属するように取り決められるべきであるという考え方である。つまり，この第二原理は，社会における完全な平等が実現できないことを前提として，その不平等がいかなる基準によって裁定されるべきかを論じたという意義をもっている。

このような二つの原理は，以下のような社会に対する認識を土台として導出

📖：用語解説

⑪自由原理・格差原理・機会均等原理

ロールズのいう正義の概念は，まず，あらゆる人々に自由の保障が約束された上で，社会的弱者に最大の利益がもたらされるような制度の存在と，あらゆる人々に機会の均等が実現されるような社会的取り決めが想定され，これを規範的枠組として構築している．したがって，そこでは現代国家における福祉政策のような政策的配慮が含意されているのである．

⑫ノージックによるロールズ批判

ロールズもノージックも，共に規範論としての政治学を研究する立場にありながら，両者はその政策論的な含意において，対称的な相違を見せている．すなわち，両者は等しく各人の自由の保障を人間の基本的な価値として認めているが（自由原理），ロールズが，社会的弱者に最大の利益が供与される場合とあらゆる人々に平等な機会が確立されている限りにおいては社会的経済的不平等が容認されるとしているのに対して（格差原理と機会均等原理），ノージックは，国家が自由権の保障をこえて多くの機能を担った結果，逆に人々の自由を制約してしまう可能性に着目し，これを批判している．したがって，ロールズは福祉政策を正義とし，ノージックはこれを不正義であると結論するわけである．

☺：人物紹介

⑬ロールズ，ジョン（Rawls, John：1921-2002年）

アメリカの政治学者，経済学者，ハーバード大学教授．自由主義の系譜を継承しつつ，自由の前提となる社会の共通ルールとしての正義の諸原理を探求した．原初状態，格差原理，平等原理など，すべての社会科学に大きな波紋を投げかけることになる先駆的な諸概念を導出し，その業績は現代の政治学や経済学をはじめ，国際関係論にも大きな影響を与えている．主著に，『正義論（*A Theory of Justice*）』（1971年）がある．

⑭ノージック，ロバート（Nozick, Robert：1938-2002年）

アメリカの政治学者，哲学者．プリンストン大学で学び，ハーバード大学教授として活躍．あくまでも個人的権利の確保を基礎とした現代社会における正義の概念を探索し，その過程で，特定個人の権利や福祉の増大を目的とした国家権力の介入を容認するロールズ流の正義論を厳しく批判した．主著に，『アナーキー・国家・ユートピア（*Anarchy, State and Utopia*）』（1974年）などがある．

されるものである。それは，最も不遇な人々に最大の利益をもたらすほどに社会全体に広く拡散された貢献は，中間層に位置する人々にもそれ相応の利益を及ぼすであろうという仮定の存在である。最終的には，能力に応じて貢献し，必要に応じて配分するということになり，すでに指摘したように，不平等の許容条件を提示することになったわけである。しかし，社会における価値判断は多元的なものであり，特に，この議論でいう「最も不遇な人々」の定義については，いわば「神々の争い」的な論争の的である。また，彼の議論の前提としての原初状態や無知のヴェールといった諸概念の現実適合性には疑問が多く，さらに，結論の「能力に応じての貢献と必要に応じての配分」とは，どこかで失敗した政策で聞いたような理想主義的な論理である（たとえば，中国の人民公社など）。これらの問題は，皆，意思決定の公正基準を探求するという規範的な研究が，いかに困難な仕事であるかを物語っているといえるであろう。

■意思決定の動態論

ところで，意思決定の規範ではなく，その過程の動態を分析した議論の先駆者は，**サイモン**（☺⑮）である。彼の議論は，現在では政治学よりも経営学の分野で古典的バイブル的な評価を受けているが，人々がいかなる過程を経てものごとを決定していくのかという問題意識は，元来は，政治活動としての側面が強い社会現象である。したがって，ここでは彼の業績を政治学の研究成果として紹介したい。

サイモンは，意思決定過程における決定者たちの知的能力の側面に着目した。まず，意思決定とは，目的に対する手段としての代替案の中から一つを選択することとして認識し，決定とは選択をすることであると定義した。そして，ａ．目的の設定，ｂ．代替案の探求，ｃ．結果の推定，ｄ．各代替案の評価，ｅ．政策の選択という一連の意思決定過程を設定した。

しかし，このような議論には，いわゆる**「最適化原理」**（📖⑬）と呼ばれる前提が存在する。それは，すべての代替案の想定，すべての結果の推定，正確な評価と合理的な選択といった合理性的行為者モデルである。このような前提は，現実適合性の薄いものである。意思決定の当事者も人間である以上，時に

📖：用語解説

13最適化原理と満足化原理

経済学の分野では，これを換言して「最大利潤と適正利潤」という概念で表現する場合がある．ある経済組織（たとえば民間企業や公団など）ではとにかくできるだけたくさんの利益を獲得するような経営を行うが，他方では多少利益を減らしても他の会社との付き合い（市場調整）や社員の福利厚生施設を充実させたり顧客への還元（価格の低下）を行ったりする会社もある．前者を最大利潤の経営と呼び，後者を適正利潤の経営と呼ぶ．現代人でも，何が何でも金持ちになろう出世をしようという生き方は前者であり，ある程度の収入と地位があればあとは家族とのふれあいや趣味の分野での活動に生き甲斐を見い出すような生き方は後者に該当するといえよう．

☺：人物紹介

⑮サイモン，ハーバート・アレクサンダー（Simon, Herbert Alexander：1916-2001年）

アメリカの経営学者，行政学者，組織論者．カーネギー・メロン大学教授．合理的行為者としての人間行動の側面を前提とした彼の集団行動論は，幅広い分野からの高い評価を獲得したまた，数多く有能な人材を弟子として育成し，その存在は「カーネギー学派」の総帥として世界の経営学界に覇を唱えた．主著に，『経営行動（*Administrative Behavior*)』(1947年）がある

は失敗もし，その意味では限定された合理性をもつに過ぎない存在である。そこで，このような最適化原理に代わる**「満足化原理」**が提示されるのである(📖⑭)。決定当事者の限定的合理性を前提としたこの原理にしたがえば，a．一応満足し得る要求水準の設定，b．要求水準への到達に至るのまでの期間における代替案の探求とその評価活動の継続，c．要求水準への到達による活動の停止，もしくは，d．要求水準への到達不可能性に基づく要求水準自体の引き下げという動態を考え出したのである。このような考え方は，いわば所与の条件に制約を受けた「相対性」を認識した議論であると考えられよう。

急進主義への批判

さて，意思決定過程に携わる人々の知的能力について着目したサイモンに対して，意思決定過程という活動の社会的側面について論じた議論は，**リンドブロム**（☺⑯）によって提示された。彼の理論は，「漸進主義論（インクリメンタリズム）」とよばれるものであり，これは，一足飛びに目的を果たすのではなくて，逆に，少しずつ少しずつ進んでいくという意味である。ここでは，意思決定過程とは，サイモンがいうような**「知的過程」**とともに**「社会的過程」**(📖⑮）を統合した活動であるという認識から出発する。そして，異なる価値意識を有する他者との妥協や譲歩による共存条件の探索こそが政策決定の本質であり，そこでは目的と効用の観点から見て最大の合理性が実現されるとは限らないというのである。

したがって，意思決定過程における完全な意味での合理性を実現することは事実上不可能であり，政策結果の予測と他者からの合意調達の困難性が存在する以上，一気に短時間で決定を行うよりも，少しずつ時間をかけて決定を作成する方法が危険度の少ないやり方であると考えるのである。そこで，決定過程の動態としては，現状を一つの代替案として設定し，また，現状をわずかに修正することによって生ずる状態をもう一つの代替案として設定し，それぞれの結果を比較・評価することによって政策の決定を行う方法を推奨するというわけであるが，このような「漸進主義」の考え方に対しては，その保守的な含意に対する批判が常である。すなわち，急激な現象の変化に迅速に対応するよう

📖：用語解説

⑭理性的判断と情緒的判断

現代社会における社会活動においては，理性的に行動選択することは非常に難しい．なぜなら，社会活動とは政治的活動であれ経済的活動であれ，大いに個別的かつ集団的な利害が絡む活動だからである．そもそも社会集団とは，人間が自分一人では実現できない何らかの利益の獲得を目的として人為的に成立するものである．そのような利害関係の中における人間行動の選択は，長期的視点よりも短期的視点を，全体論的視点よりも個体論的視点を，そして，理性よりも感情を優先させる傾向を強く有している．市民社会の時代には，ある程度の個別利益の確保を約束された独立した個人（市民）の意図的な理性の表出に基づいた政策決定が行われていたのであるが，大衆が政治の主役として登場するに及び，このような意図的な理性表出システムの土台が崩壊してしまったといえよう．したがって放っておけば情緒的要素に基づいて行動選択をしてしまう現代社会の大衆を，いかにして理性的判断をする方向に導いていくかという制度的環境的な議論を充実させていくこと（政策論の確立）が現代政治学の大きな課題であろう．

⑮知的過程と社会的過程

民主主義社会においては，多くの場合に多数決原理に基づく意思決定が行われる．このことは，ある一つの考えを全体の考えとして育てていく過程において，良い政策を見い出すために頭を使う作業（知的過程）とともに，それを他の人々にも納得のいく形に修正したり他の人々を説得したりする作業（社会的過程）が存在することを意味している．良い発想を得ても，自分以外の人々の賛同を得られなければそれを実現できないというわけである．特に，民主主義が深化していくと，そうした社会では知的過程に比べて社会的過程のコストが増加していくと考えられる．

☺：人物紹介

⑯リンドブロム，チャールズ・エドワード（Lindblom, Charles Edward：1917-2018年）

アメリカの政治学者．イェール大学教授．政策決定過程における漸進主義（インクリメンタリズム）を提唱し，人間行動における非合理的側面を指摘した．主著に，『政策決定過程（*The Policy-Making Process*）』（1968年）がある．

な決定ができないというわけである。現代の成熟型社会においても，冷戦の崩壊や共産主義社会の消滅など，劇的かつ急激な環境の変化が生起することもあり，「漸進主義」的な対応では，このような状況に即座に対応することが難しいのである。

以上に見てきたような意思決定論については，意思決定に必要な情報の不完全性と予測の困難性に挑戦するという大きな課題が残されている。また，決定過程に参画する人々の価値観，信条，思想，イデオロギーなどの内面的な要素を論理の中に操作可能な概念として組み入れることも，大きな課題として認識されるであろう。

コラム１　民主主義と非民主主義

世界中に独裁主義や権威主義など，非民主主義の政治体制の国々があふれている。よく知られている中国，ロシア，北朝鮮，イランなどにとどまらない。残念ながら，民主主義諸国は圧倒的な少数派である。こうした厳しい現実を，われわれ日本国民の多くがもっと知るべきであろう。われわれにとっては，民主主義は当たり前で，他の国々も大なり小なりそういうものだと理解している。しかし，実際には，全世界の４分の３以上の国々が非民主主義的な政治体制の国であり，全世界の人口の80パーセント以上の人々は，そのような非民主主義的な国家の国民なのである。おまけに，世界各地で非民主主義国の数は増えている。その侵蝕は，真綿で首を絞めるが如き態様で民主国家を包囲しつつある。国際社会で生きていく国家の国民として，この認識不足と誤解は致命的である。グローバル化した現代では，できるだけ多くの国々としっかりとした外交関係を成立させていることが国家の存立条件となるのだが，自国の国力を維持，増進させるための経済活動に必要なモノ，カネ，ヒト，情報は，相手国の政治体制を選ぶ余裕を与えてはくれない。今やわれわれ民主主義国の国民が，同じような民主主義的な国の国民とだけ付き合うことで国家の運営が成り立つ時代は過去のものとなった。われわれは，非民主主義体制の国々とも付き合わなければ国益を守れないのである。その対策はたった一つしかない。すなわち，いにしえの天才軍略家・孫子は言った。「敵を知り己を知れば百戦して危うからず」と。相手がどのような国であり，そこに住む国民がどのような人々であるのかを知り，「そういう国であり，そういう人々なのだから」と分かった上で，自己の国益を守るように行動選択していくしかない。こうして非民主主義というものを学ぶことは，同時に民主主義とは何かを学ぶことを意味する。逆に言えば，非民主主義をよく知らないということは，実は残念ながら民主主義をよく知らないということを意味している。果たして民主主義は，本当に非民主主義よりもすぐれた政治体制なのであろうか。民主主義の長所と短所を知るために，そして，好むと好まざるとにかかわらず外交関係上付き合わねばならない相手国を知るために，まさにわれわれは，非民主主義の本質，すなわち，その長所と短所を学ぶ必要がある。

2　政治行動論

[要点]　政治現象は支配する側の活動と支配される側の活動との相互作用によって生起する社会現象である。ミクロ政治学の視点からこの後者の議論を遂行するならば，その題材は支配される側の人々の活動である政治参加，投票行動，政党活動，集合行為などとなる。ここではそうした題材を取り上げた議論としての政治行動論に属する理論を紹介する。

（１）政治参加論

政治参加の意義

さて，政治現象をミクロ的かつ被支配の論理という視点から把握する理論の第一番目として，ここではまず政治参加論を紹介する。一般に政治参加という概念は，**大衆運動**（📖⑯），投票行動，**住民運動**その他，国民の政治的示威活動の総称である。

こうした政治参加の活動が活発化した背景には，今日の大衆社会の状況下にあって，政治理念としての民主主義的な考え方が浸透し，社会の秩序を形成するために全国民が自発的かつ積極的に政治活動へ参画しようとする意識が醸成されたという事情が存在する。さらには，社会的な種々の利害関係に関する情報の伝達とその政策へのフィードバック効果を有効なものとするためにも，このような政治参加活動の必要性が大きくなったといえよう。

政治参加の実証研究

ところで，誠に残念ながら，政治参加をめぐる政治学の議論は，どうしても投票行動や選挙などの個別的な現象に関する実証研究に比重が置かれ，政治参加という現象を包括的に論じた理論的な研究成果は少ない。しかし，そのような状況下にあって，現代政治学の今や大家となった**ヴァーバ**（☺⑰⑱）たちは，政治参加という現象に関する総合的な見地からの理論的フレームワークを提示した。

📖：用語解説

⑯大衆運動と住民運動

一般に，時間的かつ空間的に限定された問題領域に関する人民の政治運動を住民運動と呼び，これに対して比較的大きな問題領域に関わる人民の政治運動をより広い集団に対する名称を用いて大衆運動と呼ぶ．しかし，住民運動の根源となる問題の意義が潜在的に大きな問題認識へと成長していく要素をもつような場合には，これが時間の経過に伴って空間的に広がりつつ，大衆運動へと発展する事例も少なくない．たとえば，沖縄の米軍基地移転問題に関する政治運動が沖縄県民の間だけで取り沙汰されている次元ではこれは住民運動と呼ぶべきではあるが，時間の経過に伴って，この問題の意義を日本国民全体がよく認識し，日米安保破棄や反核兵器などのスローガンを掲げて全国的な運動の広がりを見せてくるとこれを大衆運動として扱う必要が生ずるのである．

☺：人物紹介

⑰ヴァーバ，シドニー（Verba, Sidney：1932-2019年）

アメリカの政治学者．スタンフォード大学，シカゴ大学，ハーバード大学教授などを歴任．政治行動論や比較政治学の分野における卓越した業績で知られる．主著に，アーモンドとの共著として『現代市民の政治文化（*The Civic Culture*）』（1963年），また，ナイとの共著として『政治参加と平等（*Participation and Political Equality*）』（1978年）などがある．

⑱ナイ，ノーマン・H.（Nie, Norman H.：1943-2015年）

アメリカの政治学者．シカゴ大学教授．選挙，投票行動，世論などの問題に取り組み，数多くの先駆的な業績を残した．主著に，ヴァーバとの共著として『政治参加と平等（*Participation and Political Equality*）』（1978年）がある．

彼らの研究は，アメリカ，日本，オーストリア，オランダ，インド，ユーゴスラビア，ナイジェリアにおける実態調査を基に，政治参加と平等との関係を論じた理論的かつ実証的な成果であった。そこではまず，政治参加という活動が，政府関係の人員の選定，もしくは政府関係の人員の行為に影響を及ぼすような力をもった，多少なりとも直接的な意図をもった個人としての市民の合法的な諸行為として定義されている。したがって，当該国家の法的規定の範囲において付与されている権利に基づくあらゆる政治的活動の総合的な呼称として，政治参加という概念を設定しているのである。そして，その形態としては，a．投票，b．選挙，c．地域活動，d．個別的な政治家への接触などを挙げている。また，政治参加活動の源泉として，「社会経済的資源」という概念が指摘される。これは，教育や所得などの水準のことであり，これによって，それぞれのレベルの人々に政治参加の効果における個人的な格差が生ずるのである。

このような社会経済的資源の不平等配分は，したがって，政治参加の効果の不平等という論理を通じて政治的不平等を導出することになる。ここでの議論においては，特に，その国際的な格差の問題に着目している。彼らの研究が**「国際比較」**（📖17）の形式を採用しているのもこうした理由によるものである。さらに，政治参加論における政治制度とは，以下のように定義される。それは，社会経済的資源を政治活動に反映させる媒体であり，市民の政治参加率に影響を与える最も重要な要因とされている。そして，その事例として，政党やその他の自発的な政治組織が挙げられており，そこではいわゆる「政党政治」の必然性が論理的に登場するのである。

以上，政治行動論の最初に政治参加を題材とする理論を紹介したが，次項においては，現代政治の場における政治参加の基本的な手法である投票行動や政党政治を取り扱った政治学の理論を紹介する。

（2）政党政治論

政党の役割

ところで，我々のような政策決定に直接的に参画する立場にはない一般の国民が付与されている政治的権利の中で最大のものは，いうまでもなく**選挙権**

📖：用語解説

⑰比較考察の意義

社会科学的な研究作業においては，その研究対象がかけがえのない社会であるために，ある理論を検証するために自然科学のような実験を行うことができない．したがって，この実験作業に代わる検証方法が，比較という作業である．たとえば，ある人間がどういう人間であるのかということを知りたい場合に，その人間ばかりをよく観察しても理解度には限界がある．

しかし，その人間を他の人間と比べてみれば，彼だけを見ていた場合よりも遥かに多くの知見が得られるであろう．さらには，何か共通の基準　たとえば長さの尺度としてのメートルや重さの尺度としてのキログラムなどを設定すれば，その比較はより一般的かつ正確な結果をもたらしてくれるであろう．このように，比較考察は社会科学的な研究作業における重要な検証方法の一つなのである．

⑱普通選挙と制限選挙

選挙権（投票権）とは，国民に与えられているほとんど唯一の政治的権利である．しかし，こうした選挙権が多くの国や地域で一般に平等な権利として普及したのはごく最近のことである（普通選挙制度の確立）．それ以前の時代においては，議会制民主主義という美名のもとに，本質的には非民主的制度ともいうべき制限選挙が行われていたのである．興味深いのは，選挙権を何を基準に制限してきたのかという点である．たとえば，性別，年齢，収入，社会的職位，門閥，血縁などであろう．多くの場合に，選挙権は一部の貴族や重要な職位にある階級の特権として出発した後，次第に多くの人々へ普及していった．特に性別による差別制限は，最後まで廃絶の課題として残った要素であった．我らが誇る日本国憲法の規定においても，性別，収入，血縁などの差別を越えた一般普通選挙の実現が唱えられている．

⑲大選挙区制と小選挙区制

簡潔にいえば，一つの選挙区に一人の当選者を設定するのが小選挙区制であり，これに対して一つの選挙区に複数の当選者を設定するのが大選挙区制である．しかし，選挙区の問題を考える際には実際の投票に関わる制度（全国区，地方区，比例代表制，ドント方式など）と関連させる必要がある．なお，日本では，戦後からつい先ごろまでの永い間，小選挙区制と大選挙区制の双方の特徴を統合させた中選挙区制という国際的に極めて特殊な制度が存在した．これは，選挙区の区割りとしては小選挙区制に近いものであったが，それぞれの選挙区における当選者は複数であり，その点で大選挙区制の要素も有している折衷型の制度であった．しかし，選挙運動をめぐる政治家の汚職問題や有権者の投票価値の地域間格差問題，また政党間利害関係の問題などの諸要素によって，政策主導型の選挙を目指して小選挙区制と比例代表制（立候補者ではなく所属政党に投票するやり方）の併立制へと移行することになった（1994年1月法案通過）．

(📖⑱⑲▶p. 47) である。この選挙という活動は，したがって，国民をこうした政治活動の手段を通じて統合する役割を担っている。国民は，選挙を通じて自己の利害を表明する。それぞれの国民は，自己の利益を確保し，増大してくれると思われる可能性をもった候補者に投票し，それによって選出された代表者（代議員）は，自己の得票基盤である支持者の利害をめぐって他の代表者と討論し，最終的には種々の多数決原理に基づいて政治的決定を作成するという手続きである。そして，この一連の過程を通じて，我々一般国民とその代表者たちは，政治活動を通じての社会統合という目的を実現しているのである。換言すれば，それは公職選挙制度の政治的機能と言って良い。

ところで，社会における必然としての利害関係の存在とそれに基づく紛争の生起は，それを放置しておけば，いつまでも解決されないか，または，その成り行きによっては武力対決にまで発展する可能性を有している。したがって，秩序ある社会の確保のためには，こうした社会対立を平和的に解決する制度が必要となるのである。選挙とは，このような社会対立を議会における弁論による対立へと置換する手段であり，機会である。19世紀から20世紀にかけての時代には，多くの国々においてこうした政治制度を確立することが目指され，いわゆる「普通選挙制度」が実現されることになった。これによって，それまでの制限選挙の時代と変わり，納税額や家柄・門地などによる投票権の差別が撤廃され，ある一定年齢以上その他の社会的条件を満たすすべての国民に選挙権が付与されたわけである。

ところで，今日の選挙活動においては，有権者の支持を合理的に集めるための組織として「政党」と呼ばれるものが発達している。現存するおよそあらゆる民主主義国家においては，この政党という組織の活動を通じて実際の選挙や政策が行われることが多い。議会政治というものは，したがって，その現実的な本質は，議会で多数派を占める政党による統治なのである。政治家は，行政者としての**政策**，政党人としての**綱領**，そして自分個人としての**主張**を実現することを訴えて権力を追求していく社会的動物である（📖⑳㉑)。この政治家が集まって構成されている政党は，したがって，権力追求者の集団でもあるわけである（政党の利益表明機能)。

📖：用語解説

⑳政策・綱領・主張

主張とは，一人の人間（政治活動の場合には一人の政治家）が抱いているものごとに対する考えであり，綱領とは，政治組織としての政党が結成される際にその組織の基本的な方針となるものである．主張の共有性に基づいて一つの綱領が生まれ，その綱領のもとに政党が結成されると，より具体的な政治活動の方針が見出されてくる．それが政策である．このような手続きは，政治組織に限ったことではなく，新しい企業や学校を設立するときなどの基本的な過程と同一のものである．

㉑利益集団・政党・圧力団体

利益集団とは，何らかの共通利益を獲得するための人々の集合体であり，政治活動の分野に関していえば，政党も圧力団体も利益集団の一種である．ただし，政党が政権の獲得とその維持を目的としている集団であるのに対して，圧力団体はそうした政治的目的ではなく，非政治的な目的を実現するために政治活動を行う（政治家にはたらきかける）集団である．たとえば，企業や財界団体などの経済組織は圧力団体の典型例といえよう．なお，現代の政党は，新しい政治家を生み出すといういわば「エリートの補充」という機能も果たしていることは興味深い．政党政治の制度化の度合いが深まるほど，この新しい機能はますます発揮されていくことになり，政党との関わりなく政治家になることが困難になってくるといえよう．

このように考えてくれば，政党とは権力追求者の集団であるから，その目的は選挙においてできるだけ多くの有権者の支持を獲得して多数派の議席数を確保し，その議員の中から行政担当者，すなわち政府の閣僚が選出される土壌を創造することとなる。そして，そのためには，社会における種々の利害関係を包括的に統合するプログラムを作成し，これを用いて選挙を戦う必要がある（政党の利益集約機能）。最終的には，これを国家権力に基づく政策という形で行使するということになる。すなわち，現代政治は，有権者，政党，政治家，行政担当者（政府）という登場人物たちによって行われる活動に他ならないのである（📖㉒）。

政党政治の分類法

さて，先行研究の問題意識を継承し，各国の政党政治の比較研究を通じて，政党分類のためのカテゴリーを最初に設定したのは**サルトーリ**（☺⑲⑳）である。彼の議論は，実際の現象を考察し，その成果から一般論を導出するという**「帰納主義」**のアプローチであり，次に紹介する**ダウンズ**（☺㉑）の議論が，逆の手続きを取った**「演繹主義」**の業績であることと対照的である。

サルトーリの検討の結果は，以下のような七つの政党政治分類の枠組に集約されている（📖㉓）。それは，ａ．一党制・独裁制（一党による完全支配の状態であり，他党は存在しない体制），ｂ．ヘゲモニー政党制（一つの強力な政党と複数の二次的な小政党だけが存在する体制），ｃ．一党優位制（競合的ではあるが，絶対多数を誇る一つの政党によって支配されている体制），ｄ．二党制（競合的であり，議会の過半数勢力を有する可能性のある二つの政党によって，各々が単独支配を目指す対立構造による支配の状態），ｅ．限定的多党制（連立政権を獲得するという指向性をもった求心的な競合を行う多党による支配の状態），ｆ．分極的多党制（極端な多党制であり，６～８個程度の諸政党が遠心的な競合を行う状態），ｇ．原子的政党制（他に優越する政党が不在の多党制による体制）の七つである。そして，彼は，この中で最も安定的な体制は「限定的多党制」であり，最も実在する可能性が高いのは「分極的多党制」であると論じている。

📖：用語解説

㉒ネオ・コーポラティズム

現代国家においては，社会的に大きな影響を与える重要な政策決定に関して行政官僚に加えて発言力の大きい利益集団が参加する場合も多い．諸団体の協調による社会的秩序の構築というこの論理は，現代社会における利益集団の規模の拡大とその存在の公認性に起因する社会的協議システムであるといえよう．利益集団が事実上多くの人々の利益を代弁していることと，それを政府が認定していることによって，はじめてその集団の社会的発言力が大きく認められ，社会に影響を与える存在となるからである．

㉓政党制分類のカテゴリー

ａ．一党制（独裁制）：一党による完全支配の状態であり，他党は存在しない体制

ｂ．ヘゲモニー政党制：一つの強力な政党と複数の二次的な小政党が存在する体制

ｃ．一党優位制：競合的ではあるが絶対多数を誇る一つの政党による支配体制

ｄ．二党制：競合的かつ議会過半数勢力を獲得する可能性をもつ二つの政党によって各々が選挙を通じて単独政権を目指す対立を常態とする支配体制

ｅ．限定的多党制：連立政権獲得指向性をもつ求心的競合を行う支配体制

ｆ．分極的多党制：極端な多党制（6～8個程度）であり，遠心的競合を行う支配体制

ｇ．原子的政党制：他党に優越する政党が不在の多党制による分裂的な支配体制

サルトーリのこうした政党制分類は，その後の政党政治研究のための基礎的な視角を提供することを通じて，現代政治学の発展のために多大の貢献をすることになった．なお，これらの中で，特にc, d, eが最も現実的である（実際に存在している可能性が高い）ということを明記しておく．

☺：人物紹介

⑲サルトーリ，ジョバンニ（Sartori, Giovanni：1924-2017年）

イタリアの政治学者．アメリカで活躍して世界的な学者となった．スタンフォード大学教授，コロンビア大学教授などを歴任．民主主義論と政党論における業績は有名で，アメリカ，イギリス，フランス，イタリア日本などの各国で高く評価された．主著に，『デモクラシーの理論（*Democrazia e definizion*）』（1962年），『現代政党学（*Parties and Party System*）』（1976年）がある．

⑳デュヴェルジェ，モーリス（Duverger, Maurice：1917-2014年）

フランスの政治学者，ジャーナリスト，社会運動家．フランス人民党（PPF）の党員として活躍しながら学問を修め，パリ大学，パリ第一大学などの教授を歴任（現・同大名誉教授）．また「ル・モンド」をはじめとする各紙上で論説を発表した．政党行動に関する比較政治学的業績の先駆者であり，政治学の枢機卿と呼ばれる．主著に，『政党社会学（*Les Partis polituques*）』（1951年）がある．

㉑ダウンズ，アンソニー（Downs, Anthony：1930-2021年）

アメリカの経済学者，政治学者．政党や政治家の行動に関する科学的・分析的なモデルを構築したことで知られる．また，現代政治学における論理演繹的な研究方法論の手続きを確立し，帰納主義一辺倒であったこの分野に大きな影響を与えた．ダウンジアンと呼ばれる学派の総帥として，特に公共選択論や政治経済学の領域で活躍した．主著に，『民主主義の経済理論（*An Economic Theory of Democracy*）』（1957年）がある．

政党政治の動態論

さて，こうした帰納主義的なサルトーリの議論に対して，まず論理的に考えうる現象に関するモデルを設定し，それを現実の分析に適用する演繹主義の手続きを踏襲し，政党政治に関する議論を展開したのはダウンズである。その意味でダウンズの業績は，科学的な政治学の業績として不滅の評価を得ているものである。

さて，彼はまず，経済学的な合理的行為者モデルの前提を政治活動としての投票行動にも適用し，人々が行う投票行動は，自己の効用が最大化されるような判断に基づいて行われると考える。すなわち，有権者は必ず自分の利益を最も増進してくれる可能性のある候補者へ投票するというわけである。また，その議論の仮定としては，第一に，候補者の行動と政党の活動を同一のものとして認識し，また，与党の活動と政府の行動をやはり同一のものとして認識した。そして，そのような仮定から導出される仮説として，第一に，候補者＝政党の目的は，選挙に勝利して政権を獲得することであり，第二に，有権者の目的は，与党＝政府の活動を通じて自己の効用を最大化させることであると論じた。もちろん，このような議論は，すでにその前提の段階において，いわゆる不完全情報による不確実性の存在という問題を抱えているのではあるが，ひとまずこうした理念型としての分析的枠組を設定することから学問の研究が始まるのであり，あとは現実に即して，このような原型，すなわち初期モデルを少しずつ修正していけばよいのである。

ところで，以上のような認識を土台として，この議論では，いくつかの政党パターンについての検討がなされている。それは，イデオロギーを一つの指標として政策の良否を判断する試みであり，「有権者のイデオロギー分布」を共通の尺度として設定し，「政府の経済活動への介入の程度」という指標を使った議論である。すなわち，横軸の左はしを「完全政府統制」とし，逆に右はしを「完全自由市場」とする。また，縦軸にそれぞれの政策を支持する有権者の数を取り，こうした平面座標の上で政党の盛衰や政策の移行，さらには新政党の誕生や消滅などの動態論を展開したものである（📖24）。ここではその事例として，① 安定した二党制，② 不安定な二党制，③ 多党制，④ 有権者の増加

24政党政治の動態モデル

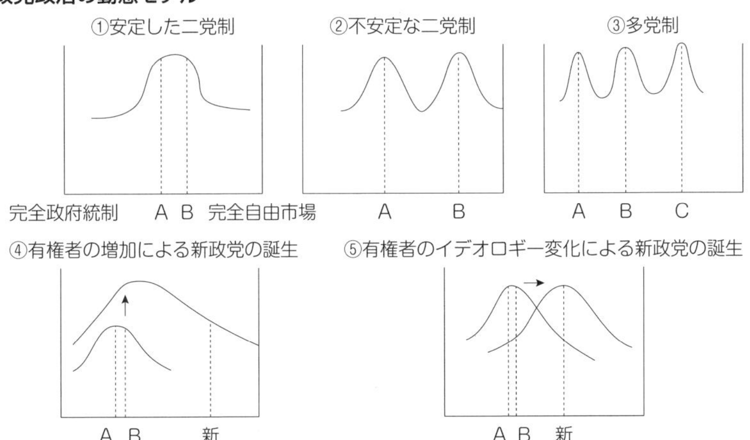

上図では，横軸に政策位置を，縦軸にその政策を支持する有権者の数をそれぞれ設定してある．そこに登場する各政党はそれぞれ自己の政策位置をもっており，したがって，選挙の際に得票が期待できる有権者をそれぞれが確保しているというわけである．①は，「安定した二党制」の場合である．ここでは，有権者のイデオロギー分布が比較的中道派によって占められる正規分布の状態（中央に大きな山が一つある）であるため，AおよびBの両党とも自分の政策位置をズラしてさらなる得票に乗り出せば（この場合にはA党はより右側へ，またB党はより左側へ動けば），両党の政策位置はかえってますます近似することになり，政策認識に大きな差異が生ずることなく社会は安定的になるというわけである．逆に②や③は，より不安定な状況を示している．ここでは，どの政党も左右いずれの方向へ政策位置の変更を行っても得票の拡大が実現できないどころかそれを減少させてしまうため，現在の政策位置（自党の主張）に固執することになってしまう．このような状況はいわゆる国論が分裂している状態であり，社会状況として非常に不安定な要素が多く，国家のレジリアンス（強靭性）も期待できないというわけである．また，④や⑤は，イデオロギー分布がある種の原因によって変化する場合を想定した動態モデルである．たとえば，④では，有権者の増加による新政党の誕生が示されている．これまでとは異なる新しいイデオロギー意識をもった有権者が増加した場合（最近では冷戦の崩壊によって統合した東西ドイツのような状況）が示されている．ここでは，これまでA党やB党によって吸収されてきた国民の政策認識では取り込みきれない人々の登場に即応して，第三党（新党）が結成されることになる．また，⑤では，有権者のイデオロギー変化による新政党の誕生が示されている．社会情勢の大きな変化によって国民のイデオロギー分布が形状を同じくしたまま横（この場合は右方）へシフト（移行）するような場合である．

による新政党の誕生，⑤有権者のイデオロギー分布の変化による新政党の誕生などの図を提示しておく。これらのモデルは，すでに指摘したように，現実の政治現象を説明するための手がかりとして有効な枠組であり，また，学問的な考察を進化させる作業として重要な業績であるといえよう。

以上，政党政治や投票行動に関する理論を紹介してきたが，このような支配される側の人々による政治行動は，一般に個人レベルではなく集団レベルにおいて遂行されるものである。そして，集団レベルにおける行動は個人的な行動とは異なる行動原理を有している。次項では，こうした題材を取り上げた理論を紹介する。

（3）集団行動論

個人行為と集合行為

人間は，一人の個人としては社会生活を完全な意味では遂行しえない。人間は他の人々と協調し，あるいは対抗しつつ，社会という場に生息する生物としての営みを遂行していく存在である。つまり，社会における人間は，必然的に集団構成員となるわけである。

しかし，逆にいえば，人間は自分一人の力量だけでは成しえないことを他の人々と協力することを通じて行うことができる存在である。特に，次章で紹介するように，20世紀の大衆社会の時代を迎えてからは，福祉政策や行政管轄領域の拡大に伴う国家権力の肥大化や，経済集団の急速な組織化と大規模化が進行し，このような状況下にあって，個々人はますます自己の力量のみで成しうることが少なくなりつつある。政治活動の領域において，他の人々と協力し，合同し，大衆運動を通じて政治参加活動を展開したり，経済的領域において労働組合活動を展開したりすることは，その意味で，個人が集団人として，むしろ自らの利益を確保するための最も有効な手段であったわけである。

ところで，人間が個人で行動する場合と集団の一員として行動する場合とは，おのずとその行動原理に相違が生ずるであろうことは想像に難くない。こうした問題も含めて，以下において，政治学における集団行動に関する議論を展開した理論を紹介する。

コラム2　民主主義の構造的弱点

民主主義には，構造的かつ深刻な影響をもたらす弱点がある。それは，いわゆる世代間人口格差の問題というものである。というのも，民主主義はみんなで投票して決める政治体制であるから，必然的にある特定の世代の人口が比較的多い状況の場合には，その世代の人々の意見や要望ばかりが国家全体の政策に優位に反映されてしまう傾向が強くなる。そのような世代間人口格差を生み出す最大の要因は，言うまでもなく戦争である。戦争はそれが遂行されている時に若年および壮年の世代の多くの生命を奪い，逆に，戦後は産めよ増せよのベビーブームを引き起こし，特定世代の人口比率ばかりを増やしてしまう。それによって，民主主義の自由と平等，特に平等の理念を崩壊させてしまうのである。たとえば，日本ではいわゆる団塊世代と呼ばれる人口が膨れ上がった特定の世代がいる。こういう状況では，その世代が得になることばかりが多数決で決められてしまい，他の世代の意見や要望がなおざりにされてしまう傾向がある。また，人口の多い世代が存在するということは，これも必然的に彼もしくは彼女たちの子孫の世代の人口も同様に偏って多くなるため，結果として，団塊シニアと団塊ジュニアの両世代に挟まれた世代の意見や要望は押しつぶされ，その世代ばかりがより多くの負担を強いられることとなる。要するに，得をする世代と損をする世代が出てきてしまうのである。これは，当該世代が亡くなれば済むなどという簡単な問題ではない。それどころか，これが実にその後も，子ども，孫と続くわけであるから，およそ100年以上にわたって同様の影響があると考えられる。戦争をやってはいけない巨大な理由の一つが，まさにここにある。このように，特定の世代人口が膨れ上がることは，民主主義体制との共存に深刻な難問を残すことになる。いわば「最大多数の最大幸福」の原理による専制主義ともいうべき状況である。これまで昭和から平成にかけての時代は，団塊世代の人々が「年功序列」の原則によって上位の社会的地位にあり多数決でも優位にあったため，この深刻な事実は指摘・公言されるのが憚られる社会的および心理的制約があった。この「良い思いをしている世代の人々」が権力を独占していたからである。しかし，もはや令和の時代となり，事実は事実，真理は真理としてここに明言しておきたい。

集団行動の社会学的考察

集団行動に関する集団力学的な考察をした業績を展開したのは**ベントレー**（☺㉒）であり，それは社会的要素を重視した研究であった。彼によれば，政治とは集団間の社会現象であり，諸集団が相互に対抗したり協調したりするドラマを通じて政策が決定される過程であるとされる。そして，そのような集団間の無数の交渉という現象の蓄積が，一種の社会的な均衡状態を創造するというのである。さらに，この社会的均衡の条件としては，したがって，社会に生息する人々が様々な集団に重複的にメンバーシップを有していることや，公的なものではなく，むしろ潜在的な社会のルールが存在することが指摘されている。前者は**「集団のクリス・クロス」**（📖㉕）と呼ばれるものであり，後者は**「習慣背景」**と呼ばれるものである。

集団行動の心理学的考察

ベントレーの集団力学的考察に対して，集合行為への社会心理学的なアプローチを試みたのは**トルーマン**（☺㉓）であり，その研究は，集団に所属する人々の個人的な心理の側面に着目した議論であった。これはベントレーのモデルを1950年代当時の社会分析に応用した業績という評価を受けている。この議論によれば，まず「利益」という概念が人々の間で共有される態度，関係，行為，活動であると認識され，したがって，**「利益集団」**（📖▶ p. 49）とは，そのような共有された態度の集合体であると定義され，ここでは個人の利害が必然的に集団の利害と共通のものとなるわけである。そして「政党」は，権力の獲得と維持とを目的とした共通の活動を行う人々の集団であると規定されるわけである。また「圧力団体」は，政党とは異なり非政治的な目的を実現するために政治活動という共有された行為を行う人々の集団として認識されるのである。

集団行動の経済学的考察

ところで，ベントレーの集団力学的考察やトルーマンの社会心理学的考察を踏まえた上で，より分析的かつ科学的な業績を展開したのは**オルソン**（☺㉔）

📖：用語解説

㉕集団のクリス・クロス

たとえば，今，同じ大学に通学しているA君とB君がおり，A君は体育会野球部に，B君は同じ体育会野球部と文科系の茶道部にそれぞれ所属しているとすれば，ここで野球部と茶道部の間に大学から支給されるクラブ活動助成金の奪い合いが生じた場合，A君の方は自分が所属する野球部の側に立つとしても，B君の方は双方に所属している関係で自己の立場を明確にすることが困難であり，むしろ両方のクラブの調停役になる可能性が出てくると考えられる．このように，種々の社会集団の構成員がそのメンバーシップを重複していればいるほど，社会全体としての安定的な秩序維持機能が働くのである．

☺：人物紹介

㉒ベントレー，アーサー・フィッシャー（Bentley, Arthur Fisher：1870-1957年）

メリアムとともに現代政治学の父と称されるアメリカの政治学者．従来の伝統的な政治学が哲学的，制度論的であったのに対して，力学的かつ動態論的な政治学を提唱し，その業績はトルーマンなどに受け継がれた．主著に，『政治過程（*The Process of Government*）』（1908年）がある．

㉓トルーマン，デイビッド・ビックネル（Truman, David Bicknell：1913-2003年）

アメリカの政治学者．コロンビア大学，マウント・ホリヨーク大学などの教授を歴任．政治過程論や集団行動論の分野における業績で名高い．主著に，『政治過程（*The Governmental Process*）』（1951年）がある．

㉔オルソン，マンカー・ロイド（Olson, Mancur Lloyd：1932-1998年）

アメリカの経済学者．メリーランド大学教授．個人が集団に帰属することによっていかなる行動変化をきたすかを論じた名著『集合行為論（*The Logic of Collective Action*）』（1965年）は，経済学，政治学，社会学，国際関係論などの幅広い領域に影響を及ぼした．

である。彼の議論は，経済学のツールと手法を駆使した人間の合理性要素の側面に着目した理論であった。その議論の中核的な論理は，「フリーライダー理論（ただ乗り理論)」と呼ばれるものである。これは，まず集団の利益には，その成果が集団の構成員に限定されるものとされないものとが存在するという認識から出発する。そして，このような誰でも同時に利用でき（非競合性)，また，他の者の利用行為を排除できない（非排除性）という特徴を有する財を**「公共財」**（📖㉖）と定義し，この公共財の存在がゆえに費用を負担せずにその便益を享受しようとする「ただ乗り」をする人々（フリーライダー）が出現するというわけである。世の中には，たとえば公園の風景や灯台の明かりのように，特にインフラ，すなわち社会資本において，このような公共財としての特徴を少なからず有する財が存在しているのである。

集団の危機管理

さて，最後に，集団が危機的状況に陥った際の構成員の行動について論じた業績として，**ハーシュマン**（☺㉕）の理論を紹介する。彼の議論で登場する概念は，「退出（エグジット)」，「発言（ヴォイス)」，そして「忠誠（ロイヤリティ)」の三つである。ここでは，人々が集団に所属している状況において，その集団への不満を解消する方法は，第一にその組織から退出するか，第二にその不満について組織の内部において発言し，改善してもらうことである。このような構成員の行動から，組織の管理を担う上層部は，当該組織の問題点や改善点を知るための情報を得ることができるのである。さらに，不満をもった構成員は，自己の組織に対する忠誠心が大きいほど，これら二つの方法のうちで発言行為を選択する確率が高く，忠誠心が低いほど，むしろ組織を見限って辞めてしまう可能性が大きいというわけである。政治や政策の基本的な単位である国家においては，「移民」や「亡命」という形式で退出が行われ，投票や政治参加の活動を通じて発言が行われるという論理になろう。

現代社会の巨大組織においては，膨大な構成員を抱え，その機能が多岐にわたるがゆえに，ともすれば責任の所在が不明確になり，政策決定をはじめとする行政管理が困難な状況を呈する。そのため，組織人としての行動原理と個人

📖：用語解説

㉖公共財（集合財）

「灯台の明かり」「公園の環境」「自然の景色」など，完全な非排除性と非競合性を有する真の公共財とともに，水道，道路，空港，学校，病院といった「インフラストラクチュア（社会資本）」などのようなある程度の競合性と排除性を有する財も公共財として扱う場合が多い．なお，米国の財政学者であるマスグレイブだけはこれを集合財と呼んだが，彼のいう集合財とは筆者の理解では一般にいう公共財と論理的には同一概念である．したがって，むしろ今後の議論は，政治的公共財や国際公共財といった従来は規定が曖昧であった概念の検討という方向へ向かうべきであると考えられる．

☺：人物紹介

㉕ハーシュマン，アルバート・オットー（Hirschman, Albert Otto：1915-2012年）

ドイツ生まれのアメリカの経済学者．プリンストン高等研究所教授．貿易論や開発論などの政治現象と経済現象が交錯する領域における業績で有名となり，それらの研究を基礎として，社会組織が発展，衰退する過程における退出＝発言＝忠誠心アプローチの概念を提唱して世界的な学者となった．主著に『組織社会の論理構造（*Exit, Voice and Loyality*）』（1970年）がある．

としての行動原理の共通点と相違点をよくよく見極める枠組として，こうした政治学的な集団行動論は大きな意義をもっているといえよう。

さて，本章ではミクロ的視角に基づく政治学の理論を紹介してきたが，こうした個々の政治主体の活動を把握する枠組だけでは，国家や社会の政治現象の全体を包括的に検討することはできない。そこでは，より大きく政治現象の総体を把握するマクロ的視点に立つ枠組が必要となる。次章では，こうしたスタンスの理論であるマクロ政治学の諸理論を紹介する。

コラム3　技術革新と企業家精神

技術革新（イノベーション）や企業家精神（アントレプレナーシップ）は，工業技術や経営ノウハウなどの分野にとどまらず，社会の発展や進化に不可欠な要素である。新しい産業や政治制度を創成したりするような大きなことから，より合理的な生産工程を実現したりなどの細部の領域に至るまで，人間が社会の構成員としての生活を営む際に必要なすべてのものは，いつの時代にも，こうした「進取の気性」をもった人々が旧来の固定観念をうち破るような勇気ある挑戦をし続けてきたがゆえに獲得できたものに他ならないからである。

しかし，こうした人々の気性と活動は，それが本来的に従来とは異なる観念に基づくものであるから，現状体制側からの非難，中傷，妨害をうけることは必然である。現代の政治経済社会における基本的な理念である幾多の思想，たとえば民主主義，自由主義，社会主義，資本主義などもまったく例外ではなく，それが登場してきた当時はいずれもその斬新性がゆえに危険視され，それを唱える論者たちもまた，社会における危険分子として迫害されたのである。

しかしながら，進取の気性に基づく新しい発想や従来の習慣に毒されていない若年者の旺盛なる正義感や意欲などは，その社会におけるかけがえのない財産である。社会の発展や進化とは，そうしたもののみによって実現されるからである。望ましい社会システムの条件の一つは，こうした要素に対する寛大さや融通性をもつということではないだろうか。

したがって，我が国のように，こうした他者や過去の経験とは異なる新しい発想や旺盛なる意欲を潰すような社会システムの国においては，独創的な技術革新や社会的進化が生起する可能性は，残念ながらはなはだ低いといえよう。日本では，多くの場合，他者と異なる意見を有する者は「和」を乱す錯乱要因とされ，また，過去の論理を否定するような発想を見い出す者は，先人への敬意が足りない無礼者と見なされてしまうからである。

こうして，必然的にこの国では，従来の固定観念の枠に要領良く順応することができる人間が幅を効かし，また，そうした世の中の習慣に関する比較的多くの知識を有する年配者の意見が，若年層のそれよりもはるかに優先選択される傾向を強く有するようになったわけである。

第3章

マクロ政治学

1　政治体制論

[要点]　第2章で紹介したミクロ政治学は，個々の政治主体の行動に着目して論理を展開する「微視」理論であった。しかし，政治現象の本質は，このような小さな視野からの方法だけで摑みきれるものではない。政治現象が社会全体の視野からどのような動態を展開しているのかを総合的見地から「巨視」的に把握する作業がどうしても必要となるのである。いかなる社会現象といえども，当該社会の枠組全体がもつ特質や構造の範囲を越えて生起するとは考え難い。したがって，ここに個々の政治主体の行動ではなく，政治現象が生起する社会全体の動向を見る視野としてのマクロ政治学が存在する理由を見出すことができる。

(1) 自由主義論

まず，社会全体を視野の範囲に取り込む理論の中で，特にマクロ的な支配の論理としての体制思想である自由主義，民主主義，社会主義という題材を取り上げて紹介する。これらのマクロ理論は，どちらかというとアメリカ政治学の潮流というよりも，むしろそれ以前のヨーロッパ流の伝統的な政治学の系譜を継承している成果であると考えられる。

自由の概念

ところで，現代日本に生息するわれわれ日本国民にとって，一般に政治思想の中で特に身近なものは民主主義という考え方であろう。しかし，政治という概念を論ずる学問や思想の歴史にあって，この民主主義よりもさらに伝統を有するものが自由主義という考え方である。特に，西ヨーロッパにおける自由主義の伝統は，民主主義以前の政治原理として厳然として確立しており，それは今日の代議制や政党制などの政治制度として定着するに至っている。

そもそも近代的な意味での**自由主義**（📖1）という考え方が生まれたのは，絶対主義王政下の時代において，一部の貴族や産業資本家を中心とした初期の**ブルジョワジー**（📖2）たちの手によってであった。これらの貴族たちは王に独占されている絶対的権力からの自由を，さらに，ブルジョワジーたる市民

📖：用語解説

①重商主義・自由主義・帝国主義

ある国家が政治的経済的に発展していく過程（近代化の過程）における諸段階を表す概念.

通常は，ヨーロッパ諸国が近代国家としての体裁を整備し始めた17～18世紀の絶対主義王政の政治制度に対応する経済政策として重商主義を，また，それに続く18～19世紀のイギリス覇権時代（パックス・ブリタニカ）の国際貿易体制として自由主義を，さらに，19～20世紀のヨーロッパ列強による世界分割（植民地主義）の時代に帝国主義をそれぞれ対応させて設定するが，現代の国際政治経済においてはこれらの三者に「保護主義」を加えた四者が交錯した種々の現象や政策が混在化しているのが実情である.

②ブルジョワジー

17世紀のイギリス名誉革命や18世紀のアメリカ革命とフランス革命などにおいて，当時の封建社会や絶対主義国家における土地領有を通じた支配階級である君主，貴族，僧侶，地主などの勢力を打倒し，議会制民主主義を実現する主体となった社会階級を指して呼ぶブルジョワジーは，封建体制下で発達した資本主義的経済活動の担い手としてその実力を蓄えた社会階級である．なお，ブルジョワジーが主体となって遂行される市民革命をブルジョワ革命と呼ぶことから，資本主義社会から社会主義社会への変革主体としてのプロレタリアートと対比される概念でもある.

たちは自らが市民社会の主役たるにふさわしい政治的権利の確立を目指して，自由の獲得への道を突き進んでいったのである。

自由の国アメリカ

さて，自由主義という理念に関する研究の題材として欠かせないものは，アメリカ合衆国という国の存在である。現代の我々にとっても，アメリカは自由の国であるとか，アメリカは自由主義を体現する国だといった発言をよく耳にする。特に学問的な研究においては，アメリカの民主政治を題材として取り上げた業績は多々ある。それが次項で紹介するいわゆる民主主義と，ここでいう自由主義を両立させた国家体制の国であるという認識は，19世紀の西ヨーロッパ，とりわけ**トクヴィル**（☺①）などのフランスの知識人たちにもたれていた共通の認識であった。

こうした議論においては，各国の政治活動はアメリカにおける平等な自由の実現を目指すべきであり，広範な政治参加の自由を保証する民主主義的な政治制度の確立こそ，その政策的な本質であると理解された。いわば自由主義と民主主義の両立もしくは融合という政策論的な認識である。しかしながら，こうした自由主義もしくは民主主義の理念にも問題点がないわけではない。そこでは，たとえば多数決の矛盾（少数意見の抹殺）や社会的画一性の蔓延（個人的自由の抹殺）などの問題が指摘される。

19世紀の中葉には，こうした問題に対する議論が大いに興隆した。もともと多数決の理念を思想的に支えた論理は**ベンサム**（☺②）の「最大多数の最大幸福」という考え方であったが，かの**ミル**（☺③▶ p. 67）は，こうした考え方を論理的に批判した一人である。彼は，社会の不断の進歩は人々の個性を尊重することによって成し遂げられるとの確信に基づき，以下のような有名な言葉を後世に残し，**多数決原理**（🕮3）の落とし穴を指摘して警鐘を鳴らしたわけである。すなわち，「99人によって1人が同調させられることは，1人によって99人が同調させられることと同じ悪である」と。

📖：用語解説

3 多数決原理

政治組織における多数派の意見を全体の意思として尊重する方法であり，通常は，組織の構成員としてのメンバーシップを有する人々全員のうち半数以上を多数決済の要件とする．こうした制度の背景には，多数派の人々が幸せなことは全体にとっても幸福であるという論理（最大多数の最大幸福）が存在している．現代では過半数多数決が最も一般的であるが，重要事項については出席者の3分の2以上の得票という形式を取る場合も多い．

☺：人物紹介

①トクヴィル，アレクシス・ド（Tocqueville, Alexis Charles Henri Clerel de：1800-59年）

フランスの政治学者．自由主義に関する政治理論的業績で知られる．ヨーロッパに先駆けてデモクラシー（平等社会）を実現したアメリカの政治に注目し，多数者の専制，個人主義，政治的自由などの諸概念を駆使した理論的な業績を残した．主著に，『アメリカの民主主義（*De la democratie en Amerique*）』（1835年）がある．

②ベンサム，ジェレミー（Benthum, Jeremy：1748-1832年）

イギリスの法哲学者，思想家．功利主義哲学を基礎とした論理に基づいて，社会制度，特にイギリスの司法制度を一貫して批判しながら，いわゆる現代でいう公共の福祉増大のための方策を探求する仕事に人生を捧げた．最大多数の最大幸福原理を打ち立てた歴史的思想家である．主著に『道徳および立法の諸原理序説（*An Introduction to the Principles of Morals and Lesislation*）』（1789年）がある．

積極的自由と消極的自由

ところで，ミルが唱えた自由の尊重という概念は，バーリンの自由論における「国家権力からの自由」という意義を有している。彼はミル流の自由論の精神を現代に継承する立場から，自由という概念を**「積極的自由」**と**「消極的自由」**という概念に区別している。**バーリン**（☺④）が提示したこのような考え方によれば，まず，消極的自由とは他者からの干渉を受けない自由であり，政府の介入を拒絶する自由ということになる。また，そこでは自己の欲求に基づく行動の自由が保証され，可能な限りの選択の余地の拡大が目指されるのである。そして，こうした社会を実現するための方策として，いわゆる自由放任主義や夜警国家の政策が評価されるというわけである。

このような自由の概念内容は，実のところ多分に伝統的なものであり，その土台として人間の異質性を強調した認識が存在しているといえる。しかし，こうした内容には，個人の自由がどこまで認可されるべきかといった問題に対する判断の基準が設定できないという大きな弱点が存在する。したがって，実際の自由の捉え方には以下のようなもう一つの方法が登場することになった。

すなわち，積極的自由とは市民社会から大衆社会への移行という現象変化に伴って登場した新しい認識の枠組である。そこでは，いわば大衆主義の前提の下に，人間のむしろ同質性が重視されている。すなわち，個人の信念に基づく他者への働きかけの自由という意義が認識され，干渉や統制といった活動が受諾される。また，選択の余地は他者の個人的な自由を尊重するために，逆にかえって制限され，そこではいかにして自由たりうるかという問題が論じられる革新的な考え方が提示されている。つまり一種の相互主義である。いずれにしても，結局のところ自由をめぐる問題の本質は，国家権力と自由との対抗関係という認識である点は共通となる。

アメリカの自由主義

ところで，先に紹介したアメリカの自由主義について論じた現代の研究として，**ハーツ**（Hartz, L.）の提示した業績がある。ここではそれを紹介して，自由主義論の項を締め括るとしよう。ハーツは自由主義と民主主義の両立例とし

☺：人物紹介

③ミル，ジョン・スチュアート（Mill, John Stuart：1806-73年）

イギリスの経済学者，政治学者，社会思想家．セント・アンドリューズ大学の総長やウェストミンスター地区選出の下院議員などを歴任．ロマン主義サン・シモン流の社会主義，コントの社会学など洗礼を受け，功利主義と古典派経済学の泰斗としての地位を確立した．東インド会社への勤務や下院議員としての経歴もある．主著に，『自由論（*On Liberty*）』（1859年），『代議政体論（*Considerations of Representative Government*）』（1861年）などがある．

④バーリン，アザイア（Berlin, Isaiah：1909-1997年）

ラトヴィア生まれのイギリスの政治学者．オックスフオード大学教授．自由主義の現代的意義に関する研究を極め，今日の政治学の議論においても頻繁に使用されている二つの自由概念（積極的自由および消極的自由）を導出した．政治学の中心地がヨーロッパからアメリカへ移行していく途上にあって，ヨーロッパ政治学の最後の輝きを演出した学者である．主著に，『自由論（*Four Essays on Liberty*）』（1960年）がある．

てのアメリカという認識に立ち，自由や平等を実現するための国家権力の介入を容認するというスタンスを取る。そして，ヨーロッパ型の自由は歴史的に見て絶対王政に対抗するいわば「内ゲバ」の政治原理として登場したものであり，その内容は異質な原理の存在への寛容性をもった相対的自由であると捉えた。これに対してアメリカにおける自由は，国内対立の過程を経て確立したものではなく当初から神聖不可侵の普遍的な原理として登場したものであるため，かえって異質な原理の存在を認めない融通のきかない原理となり，あくまでもアメリカ型の自由主義への同調を強制するいわば絶対的自由であると論じた。また，このようなアメリカの自由主義の思想は，対外政策においてアメリカが孤立主義とともに**干渉主義（メシアニズム）**（📖4）を遂行する源流であると論じている。すなわち，孤立主義は異質原理からの逃避を意味し，また，メシアニズムは，異質物の改造を意図した行動であるというわけである。

以上，マクロ的な視野から政治現象を把握する理論の第一番目として自由主義の理論を紹介してきたが，次項では，この自由主義と並ぶ現代政治における重要な政治思想である民主主義を論じた理論を紹介する。

（2）民主主義論

われわれが一般に民主主義という言葉を使用する際には，それはなにか大変素晴らしいものであり，ものごとが正しいか正しくないかを判断する基準として活用する機会が多々ある。たとえば，これは民主的だから良いとか，それは民主的でないから良くないといった言い回しである。つまり，我々は日々の生活の中で頻繁に民主的であるか否かということを一つの重要な価値判断基準として使用しているのである。これから紹介する理論は，このような民主主義という考え方に関する政治学の業績である。

ところで，民主主義という概念の本来の意味は，すべての国民の主体的な政治参加活動を通じて，社会の構成員が自発的に秩序を形成することである。しかし，通常，社会はこうした自発的な秩序を形成できるような状況にはなく，こうした期待はあくまでも理想的かつ理念的なものでしかありえない。つまり，社会とは**「アナーキー（無政府）」**（📖5）な存在なのである。したがって，

📖：用語解説

④孤立主義と干渉主義（メシアニズム）

アメリカニズムの中に内包される二律背反的（アンビバレント）な要素であり，特にアメリカの外交政策などを説明する際に用いられる概念である．アメリカは，基本的には自己の思考や行動と異なる論理によって活動する存在に対して寛容性を有することがない国家であり，こうした自己の論理によって理解できない対象に対しては，自らが壁を作って別の宇宙を構成するか（孤立主義），それを説得，または，力ずくででも自己の論理に改造するか（干渉主義），そのいずれかの対応方法を選択するというわけである．

⑤アナーキズム（無政府主義）

自由な個人の活動を規刊する国家や政府などの行政行為を否定し，むしろ自然状態の中にあって人間性の回復を期待しようとする考え方であり，しばしば略奪行為や破壊行為などの暴力を伴う状態を導出することから，統制力や求心力のない非秩序的な社会を指して批判的に使用される概念である．

現実の社会を統治するための政治制度は，この理念が実際には実現不可能であることを前提としたものとなる。実際に実現できるのは，せいぜい部分的な意味での民主主義である。そして，せめてこうした社会状況に関する情報の伝達と政策へのフィードバックの必要性による部分的な民主主義を実現させるために，社会統合を目的とした国民の政治参加が可能な限り実現されているような政治体制を構築する努力を展開しているというわけである。

イギリス型民主主義

さて，民主主義という概念を論ずる場合に，まず近代的な意味における民主主義の発祥地であるイギリス型の民主政治に関する研究と，その発展形態としてのアメリカ型の民主政治に関する研究とがある。前者の代表的な議論は，**クリック**（☺⑤）によって成されたものである。彼の議論によれば，まず，政治活動とは統治単位の内部における諸利益の配分をめぐる対立を調停する社会活動であるとされる。そして，その調停活動とは暴力その他の物理的な強制力を用いないで行われる活動を意味している。すなわち，一種の妥協水準の探索という活動が政治活動の本質であるというわけである。さらにいえば，このような妥協水準の発見を目的として遂行される政治活動こそ民主政治の本質でもあるとされるのである。また，民主政治は政治体制の一つの事例に過ぎないものであり，それが絶対化，神聖化されることを防ぐことも民主主義の根幹的な理念を守る意義をもった活動であるというのである。

アメリカ型民主主義

次に後者，すなわちアメリカ型の民主主義を題材として展開された議論の代表としては，**ダール**（☺▶p. 25）の業績が有名である。彼によれば，民主主義の特性とは，統治者たる政府が被統治者たる市民の要求に公正かつ責任をもって応えることであると認識される。そして，そのような民主政治を実現させるための要素として，ａ．集会・結社の自由，ｂ．表現の自由，ｃ．投票権（選挙権），ｄ．立候補権（被選挙権），ｅ．選挙における競争権，ｆ．政治・行政に関する多様な情報源，ｇ．自由・公正・秘密選挙，ｈ．政策評価制度の

📖：用語解説

6「ポリアーキー」の概念図

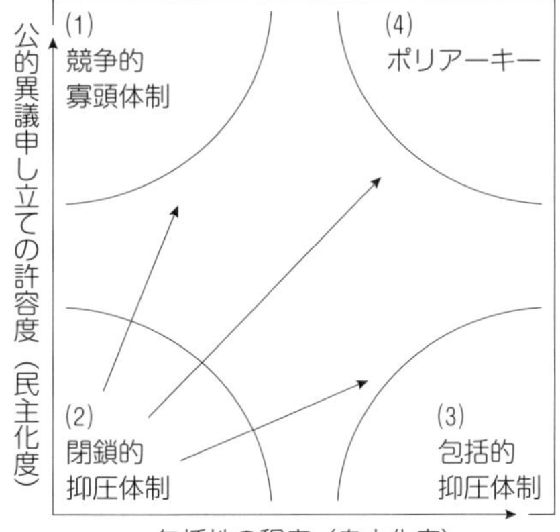

上図においては，まず縦軸に「公的異議申し立ての許容度」を取り，また横軸には「包括性の程度」を取って，それぞれの度合いに応じて政治体制のモデリングを試みている．「異議申し立て」とは，社会の構成員たる人々が体制にどれだけ文句をいえるかということの度合い（民主化度）であり，また「包括性の程度」とは，やはりそれらの人々がどれだけ支配体制の束縛から解き放たれているかということの度合い（自由化度）を意味している．この双方の指標についていずれも高い度合いを有する体制こそいわゆる「ポリアーキー」と呼ばれるものであり，最も自由かつ民主的な政治体制の理念モデルとして設定されているものである．

☺：人物紹介

⑤クリック，バーナード（Crick, Bernard：1929-2008年）
イギリスの政治学者．シェフィールド大学，ロンドン大学教授などを歴任．現代イギリス政治学を代表する泰斗の一人である．主著に，『政治の弁証（*In Defence of Politics*）』（1962年）がある．

存在などを挙げている。

なお，彼の議論の中で特筆すべきは，いわば民主化の度合いに関する指標を操作して，四つのモデルを創作した点である（📖6 ▶ p. 71）。これは，縦軸に政治的自由化の指標としての公的な異議申し立ての実現度合いを取り，また，横軸に政治参加の指標としての包括性の度合いを取り，こうした二次元座標の上にモデル化の作業を展開したものである。そこでは，①自由化の度合いは高いが包括性が低い「競争的寡頭体制」，②自由化の度合いが低く包括性も低い「閉鎖的抑圧体制」，③自由化の度合いが低く包括性の高い「包括的抑圧体制」，そして，④自由化の度合いも包括性も高い**「ポリアーキー」**というモデリングが試みられ，民主主義の真の実現は，このポリアーキー状態を意味していると論じられたのである。

小国型民主主義

さて，イギリス型の民主主義とアメリカ型の民主主義を論じた業績に対して，**レイプハルト**（☺⑥）は，オランダやベネルクス諸国，スイス，オーストリアなどの小国型の民主主義に関する研究を遂行した。その議論によれば，社会的同質性を有しない多元社会における民主主義は，ａ．連合性，ｂ．拒否権，ｃ．比例制，ｄ．自律性という四つの原則を踏まえた上での非多数決的な意思決定手続きが必要であるとの見解が提示される。そして，このような多数決原理から脱却した民主政治の意義を「多極共存型民主主義」と呼んだのである。

ところで，現代社会における民主主義の課題は，ある意味で構造的なものである。それは，民主主義の理念や制度が整備されて浸透してきたがゆえに，一種の平等主義が普遍化し，これによって政治家や政治制度の権威が極端に低下して，むしろ被支配者たる人々からの支配者たる政府に対する要求が飛躍的に増大したという事実に起因する。このような要求の増大は，必然的に財政を圧迫し，また，さらなる国家権力の肥大化を導出するのである（📖7，☺⑦）。以上，自由主義の理論に続き，民主主義を取り扱った政治学理論を紹介してきたが，次項では，こうした自由主義と民主主義（リベラル・デモクラシー）を両立させるために，社会体制の一つの形態を論じた議論である社会主義の理論

📖：用語解説

7統治可能性（ガバナビリティ）

政治学では，こうした現象を，一般に，「ガバナビリティ喪失の問題」と表現している．ガバナビリティとは，「統治可能性」と訳される．すなわち，民主主義は自由主義と同様に，神聖化され，絶対化されるべきものではなく，あくまでも政治の一つの種類である．その存在意義に対する評価は，したがって，相対的でなければならない．つまり，民主主義制度の確立という要求の度合いには，いわばハンティントンの言葉をかりれば「節度」が必要というわけであろう．

☺：人物紹介

⑥レイプハルト，アーレンド
（Lijphart, Arend：1936-）

アメリカの大学で政治学を修めたオランダ生まれの政治学者．ヨーロッパの小国における政治制度の研究から，多元社会におけるデモクラシーの可能性を論じ，多極共存型民主主義モデルを導出した．主著に，『多元社会のデモクラシー（*Democracy in Plural Society*）』（1977年）がある．

⑦ハンティントン，サミュエル・フィリップス（Humtington, Samuel Phillips：1927-2008年）

アメリカの政治学者．ハーバード大学教授．国内政治学と国際政治学の双方における業績とともに，アメリカ政治学会の発展にも貢献した．主著に，『変革期社会の政治秩序（*Political Order in Changing Societies*）』（1968年）がある．

を紹介する。

(3) 社会主義論

20世紀の100年間を通じて，我々は世界史上に特筆すべき甚大な影響を与えた二つの革命に遭遇した。ロシア革命と中国革命である。奇しくも西洋と東洋のそれぞれにおいて，今世紀の初頭および中葉に起こったこの二つの革命は，マルクス主義の思想を理論的な背景にもつという点において共通の手段と共通の指向性を有する革命であると同時に，これに続くおよそすべての第三世界諸国において遂行された革命のモデルとなったのである。その意味で，これらの事件の歴史的な意義は大きい。

しかしながら，革命後のこれらの国々における恐怖政治や経済停滞の状況が露見するにおよび，また，特に近年においては冷戦体制が崩壊して共産主義社会が消滅するに至り，こうした革命の衝撃も次第に風化し，その背景となった思想ももはや時代遅れであるかのように評される傾向さえある。むしろこのような状況の中にあるからこそ，我々はもう一度原点に立ち返り，社会主義の理論について検討する必要があるのではないだろうか。社会主義は本当に失敗したのか，また本当に役に立たなかったのか。その答えは，以下の諸理論を勉強することによって自ずと見出されることになるであろう。

マルクス主義

社会主義理論を世に送り出した**マルクス**（☺⑧⑨⑩⑪）は，資本主義社会を変革する共産主義革命の歴史的必然性を明らかにするという遠大な研究目的を設定し，この目的を果たすために，世界史の運動法則と資本主義社会の運動法則との関連性を追究した。ここで歴史的必然性というのは，時間の経過とともに必ずそうした現象（この場合には革命）が生起するという意味であり，また運動法則というのは，やはり時間の経過とともに変化していく構造や機能の枠組ということを意味している。このような大きな課題を克服するための努力を遂行したがゆえに，彼の議論は経済学における「マルクス経済学」や政治学における「社会主義論」，そして思想や哲学の分野における「マルクス主義」

☺：人物紹介

⑧マルクス，カール・ハインリッヒ（Marx, Karl Heinrich：1818-83年）

フランスやイギリスでも活躍したドイツ生まれの経済学者，政治学者，社会思想家．学術活動のみならず，実際の社会主義運動や革命運動でも活躍した．経済学研究から政治経済学へと進み，科学的社会主義の旗手としてその名を不滅のものとした．主著に，『経済学・哲学草稿（*Okonomisch philosophische Manuscript*）』（1867年）とともに，エンゲルスとの共著の形を取る『共産党宣言（*Manifest de Kommunistischen Partei*）』（1848年）などがある．

⑨エンゲルス，フリードリッヒ（Engels, Friedrich：1820-95年）

マルクスとともにマルクス主義理論を創設したイギリスの思想家・革命家．当時のイギリスにおける産業革命や古典派経済学の矛盾を研究し，共産主義が単なる理念ではなく資本主義の矛盾から導出される社会革命であることを洞察した．マルクスの死後も彼の遺作である『資本論（*Oas Kapital*）』の編集・刊行に尽力するとともに，自身の主著『空想から科学へ（*Die Entwicklung des Sozialismus von der Utopie zur Wissenschaft*）』（1884年）などを通じてマルクス主義の啓蒙に貢献した．

⑩ヴェーバー，マックス（Weber, Max：1864-1920年）

ドイツの社会学者，歴史学者，経済学者．司法官（裁判官）としての経歴も有するが．特に経済史や経済政策における学術的業績に優れた貢献をした．ベルリン大学，フライブルグ大学．ハイデルベルグ大学教授などを歴任．第一次世界大戦の軍務経験の後．自由主義思想の指導者としても活躍したが，最終的には宗教社会学を中心とする社会科学方法論の分野における先駆者として名を馳せ，現代社会学の父と呼ばれている．主著に，『プロテスタンティズムの倫理と資本主義の精神（*Die protestantisch Ethik de Geist des Kapitafismus*）』（1904年）がある．

⑪シュンペーター，ジョゼフ（Schumpeter, Joseph：1883-1950年）

オーストリア生まれのアメリカで活躍した経済学者．グラーツ大学．ボン大学．ハーバード大学などの教授としての他に．銀行の総裁や大蔵大臣などの経歴も有する実践者である．資本主義経済の発展は創造的起業者の革新によって成されるという動態論を提唱したことで有名となり，渡米後は政治経済学の研究にも偉大な業績を残した．主著に．『経済発展の理論（*Theory of Economic Development*）』（1911年）．『資本主義・社会主義・民主主義（*Capitalism. Socialism and Democracy*）』（1942年）がある．

と，それぞれ呼ばれるような巨大な諸学問体系の源流となったのである。

さて，マルクスの理論では，次のような二つの社会科学的な概念が，特に，重要な役割を果たしている（📖8）。まず第一に，**「弁証法的唯物論」**（📖9）というものであり，これは経済的要素の動向に科学的な立場から着目して社会の動向を把握しようという方法論である。唯物論という考え方については，もう少しその論理を詳細に紹介しておく必要があろう。人間社会のあり方が経済的要素によって決定されるということは，それが「生産力」と「生産関係」によって決定するということを意味している。生産力は技術革新によって増進するものであり，生産関係とは実際の生産手段を誰がもっていて誰がもっていないかという関係（所有関係）である。一般に，経済的要素という下部構造によって政治・文化・法律・宗教などの上部構造が支配されるというこうした考え方は，下部構造決定論と呼ばれている。そして，国家は経済の支配者たる資本家階級が被支配者たる労働者階級を抑圧するための機関であり，こうした状況下で生ずる生産手段の所有階級（資本家）と非所有階級（労働者）との間の「階級対立」，さらには，**「階級闘争」**（📖10）のダイナミズムを通じて世界の歴史が推移してきたという論理なのである。

マルクスの理論における第二の重要な概念は，**「プロレタリア社会主義革命」**というものである。ここでは資本主義の産業構造を打破する対象としての「テーゼ」と，これを消滅させる主役としてのプロリタリア労働者階級を「アンチ・テーゼ」という対抗的な存在として認識するのである。このようなプロレタリアートによる社会主義革命が起こる論理は，以下のようなものである。すなわち，資本家階級による国家権力を通じた労働者階級に対する搾取は，いわゆる「絶対的窮乏化」の状況を生み，そのような社会体制に不満をもつ労働者たちによって必然的に革命が起こるという論理である。そして，こうした革命による資本主義の崩壊は，階級対立の終焉と無階級社会の到来という状況を導出し，ここに至って搾取の対象として資本家階級の呪縛に縛り付けられていたプロレタリアートに対する真の「解放」が達成されるというわけである。

このようなマルクスの理論に対しては，概して以下のような大きな三つの批判が成されている。第一の批判は，論理展開の過程で使用している概念の内容

📖：用語解説

8 社会主義論における社会体制の構造認識

右図の①は，「資本＝労働関係」といわれるものであり，社会における少数支配者たる生産手段の所有者「資本家階級」が，自己の労働力を商品とする多数の被支配者たる「労働者階級」を「搾取」し，そのような社会体制を構造化させていることを表現している．また②は，「下部構造決定論」といわれるものであり，社会全体のあり方がその下部構造たる経済構造のあり方によって決定される（経済が政治・社会・文化・法律などを規定する）という考え方を表している．したがって，このような不条理な社会構造を変革するための方法は，下部構造の担い手である多数の労働者階級が団結し，革命を遂行することに求められるのである．

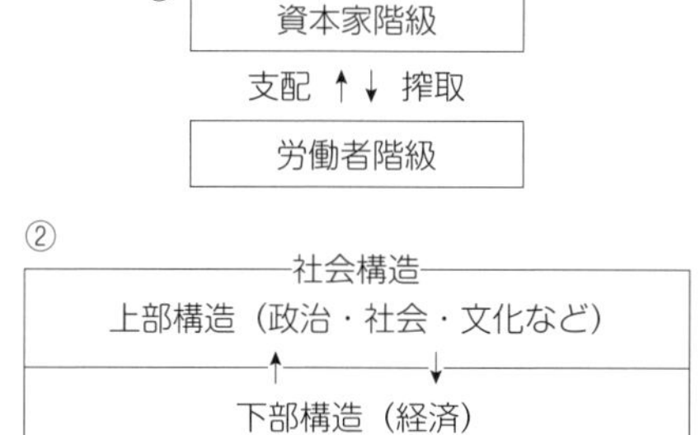

9 弁証法的唯物論

このような難しい語句は，真ん中で二つに切って考えるのが得策である．また，いかなる長く難しい語句が登場しても，それが日本語である以上は，一つ一つの漢字に分解すれば必ずやその語義を解明することができるので，何ひとつ恐れを抱く必然性は存在しないのである．このような方法に基づけば，この場合は，まず，弁証法から考えよう．これは，弁論によって証明する方法という字義であり，したがって，マルクスの革命必然論においては，既存体制の崩壊（アンチ・テーゼ）を論理的に導出するという意義をもつ概念である．次に，唯物論であるが，これは，物（モノ）が唯一の重要なものという字義であるのだから，すなわち，人間社会のあり方が経済という要素によって決定されるという特徴的な考え方である．

10 階級対立・階級闘争

革命理論としての社会主義思想における核心的な概念であり，ある資本主義社会においてなぜ革命的行動が起こるのかを説明する要因である．少数の裕福な資本家階級によって構造的に搾取され続けているのが多数の貧困状態にある労働者階級であり，そうした社会構造に対する後者の不満は前者との対立を生み，さらには，闘争状態に突入するという論理である．

に関するものである。すなわち，そもそも**「プロレタリアート」**という階級が現実に存在するのかどうかという問題である。たとえば，それは資本主義社会における農民なのか，工場労働者なのか，あるいはホワイト・カラー層なのか，その詳細な規定は不明である。

第二の批判は，論理展開そのものに関するものである。すなわち，生産力の拡大と社会主義革命との関連性についてである。ここでは，一つの社会構造はすべての生産力がその中ではもう発展の余地が無いほどに完全な進歩を達成しないうちは崩壊しない，すなわち革命は起こらないという論理が展開されているが，しかしこの論理に忠実にしたがうならば，社会主義革命はいわば「豊かな社会」を実現している「先進諸国」において生起するという結果になってしまうわけである。

さらに第三の批判は，論理展開の科学性に関するものである。科学とは，すでに本書の冒頭でも論じたように，一般に「検証可能な命題」によって体系的に構成されている論理の束である。要するに，主張している論理が正しいか間違っているかを客観的な指標によって判定できなければならないのである。しかし，一般によく引き出される例を挙げれば，たとえば「資本主義体制の下では実質賃金は上昇しない」というような命題はその意味で検証可能なものであるが，しかし「全人類の歴史は階級闘争の歴史であった」というような命題は検証不可能なものである。したがって，両者のいずれもが相互に入り乱れて構成されているマルクスの理論は科学的な理論とはいい難い。

さて，マルクスの理論は，特に我が国においては共産主義者のテキストであり，いわゆる「アカ」のバイブルであるというイメージで捉えられることが多い。もちろん，そのような評価の多くは誤解の産物である。そして，マルクスの学問的な理論を土台としてより実践的かつ発展的な「革命理論」もしくは「国際理論」としての枠組を提示したのは，20世紀の人・**レーニン**（☺⑫）である。

帝国主義論

レーニンの理論は，マルクスの理論を国際関係のレベルにまで発展させた意

☺：**人物紹介**

⑫レーニン，ウラジミール・イルリッチ（Lenin, Vladimir Illich：1870-1924年）

ロシアの経済学者，政治学者，社会思想家，革命家．若くして革命運動に参加し，1917年の十月革命によるソ連邦成立の中心人物となった．マルクス主義を国際政治経済学の分野にまで適用した画期的業績を挙げ，今日の資本主義論や社会主義論にも多大の示唆を与える独自の社会認識を展開した．主著に，『帝国主義論（*Imperialism*）』（1916年）がある．

義をもっている。すなわち，マルクスの理論が国内社会における搾取構造としての社会関係を論じたのに対して，それを国際社会における搾取構造（帝国主義）の分析に投影したのである。そこでは，祖国ロシアにおけるツァーリズム（絶対主義王政）を打倒するための理論武装という目的が掲げられ，以下のような国際的搾取構造の論理が解明されている。すなわち，先進工業諸国の拡大再生産は，彼らをして商品市場の確保と自国労働者の保護を目的とした「植民地」の獲得という対外政策を導出させ，そのためロシアのような後発国は，その後進性がゆえに先進国の原料供給地および市場としての従属的な地位に位置付けられているというものである。そして，ロシアの労働者たちは対内的な絶対主義と対外的な帝国主義という二重苦に抑圧され，彼らの蓄積した不満が資本主義を解体するための社会主義革命を生み出すという論理である。以上が，レーニンの理論の国際理論としての側面である。

また，レーニンは，革命の担い手としての労働者階級を実際の革命活動へと扇動し，かつ指導する役割を担う集団としての秘密結社の必要性を訴えている。そこでは，少数の熟練した献身的な職業革命家によって作られる前衛政党（共産党）が，組織および未組織のプロレタリアート（全大衆）を革命へと指導するというわけである。なお，ここでいう組織労働者とは労働組合に加盟している者のことであり，そうでない者は現代でも一般に未組織労働者と呼ばれている。以上が革命理論としてのレーニン理論の論理である。

修正主義

レーニンと並んで，マルクス理論の修正に取り組んだのは**ベルンシュタイン**（☺⑬）である。彼が目指したものはレーニンのような後進国における武力革命の理論ではなく，特に祖国ドイツを念頭においた西欧先進国における修正主義的な社会主義理論を構築することであった。いわば先進国における平和革命の理論である。彼は，マルクス流の科学的社会主義は実証的で現実的な概念を操作して議論を展開するがゆえにその予測も的中するのではないかという妄想，すなわち**ユートピア主義**（📖11）を生み出すという批判を提示し，特に彼らのいう「絶対的窮乏化仮説」の西欧における現実妥当性に疑問を提示する。す

📖：用語解説

⑪ユートピア主義

現実には実現不可能な夢物語を妄想したり，そうした理想を掲げて行動する人々の活動を社会における無意味で迷惑な錯乱要因として批判する概念であり，特に政治学の分野においては，社会主義思想の現実妥当性をめぐって使用されることが多い．

☺：人物紹介

⑬ベルンシュタイン，エドゥアード

(Bernstein, Eduard：1850-1932年)

ドイツの政治家・思想家．社会民主党の下院議員として活躍した社会主義者．スイスやイギリスでも活動した経歴をもつ．特に，イギリスではフェビアン主義の影響を受け，議会主義による漸進的社会主義化（修正主義）を主張し，あくまでも革命主義を唱えるカウツキー（Kautskey, Karl：1854-1938年）の対陣を張って論争した．主著に，『社会主義の諸前提と社会主義の任務（*Die Vorraussetzungen des Sozialismus und die Aufgaben der Sozialdemokraite*）』（1899年）がある．

なわち，資本主義の発展が少数の富者と多数の貧者を生み出す（二極分解）という事実は実際には存在せず，また，社会民主党党首のカウツキー流の厳格な**教条主義**（📖⑫）に対する批判を踏まえた上で，新しい革命運動のあり方を模索した。それは，労働大衆の要求に直接回答していく「改良主義」というものであり，それは現代的な議会制民主主義の枠組の中で合法的に社会を改良していくという方法であった。

▒ユーロコミュニズム

ベルンシュタインと並び，西欧先進国の現状を念頭において社会主義論を展開したのは**グラムシ**（☺⑭）である。現代の社会主義論を支える根幹的な論理は彼によって作られたといってよい。イタリア・ファシズム体制下における投獄生活で生まれたその社会変革理論の骨子は，第一に，レーニン理論が「市民社会」が成立していない国家によって統治される後進国において打倒する議論であり，「成熟型社会」においては新しい戦略が必要であるという認識から出発する。

第二に，「ヘゲモニー」という概念を提示する。ここでいうヘゲモニーとは，被支配階級の同意を形成する知的および道徳的な指導の機能，もしくはこれによって造られる知的な統一性というものである。そして，このヘゲモニーを達成する機構はヘゲモニー装置としての「国家」であり，国家は政党や組合などの公私の社会的および文化的な組織を用いて社会を統合する機関としての役割を果たすものとされるのである。そして，彼はこれを「強制の仮面をつけたヘゲモニー」という言葉で表現している。

第三に，「社会主義革命」の概念である。ここでは，社会主義革命は「複数のヘゲモニーの変革」と定義され，短期的な武力革命によって成されるものではなく，長期的な戦いとなるわけである。そして，実際の革命は二段階となり，市民社会における「社会革命」の後に，国家権力の所有をめぐる「政治革命」が行われるのである。したがって，市民社会の構造変革によって革命に必要な条件を作っていく必要性が存在するため，革命家や運動家たちは，直接民主主義の拡大と自主管理の確立を目指した「構造改革路線」を遂行していく方針を

📖：用語解説

⑫教条主義

あくまでもある一つの考え方の枠組や論理に執着し，周囲の状況や自己の力量の変化に応じて臨機応変に対応できない頭の固い思考や行動を批判する概念であり，特に政治学の分野においては，社会主義思想のパイオニアであるマルクスの理論に固執する人々を指して使用されることが多い．

⑬アジア・アフリカ会議（A・A会議）

1955年4月にインドネシアのバンドンで開催された第三世界諸国の大会議．インドネシア，ビルマ（ミャンマー），パキスタン，セイロン（現スリランカ）の5カ国が招請国となり，他に中国，日本などを含めた24カ国が参加した．会議の最終声明では，植民地主義への反意を土台として，「世界の平和と協力の促進に関する宣言」――基本的人権と国連憲章の尊重，国家主権と領土保全の尊重，あらゆる人種と国家の平等などの原則を採択した．なお，この会議において第三世界諸国の間に確認された共通理念は，「バンドン精神」や「平和10原則」という形で，後の非同盟諸国首脳会議やアジア諸国の地域主義の展開に甚大な影響を及ぼしていくことになった．

☺：人物紹介

⑭グラムシ，アントニオ

（Gramusci, Antonio：1891-1937年）

イタリアの政治家，思想家，革命家．イタリア共産党の社会主義運動に身を投じながら多くの著作を残し，ユーロ・コミュニズムの思想に甚大な影響を及ぼした．下院議員として反ファシズム統一戦線を提唱したことによりムッソリーニ政権によって逮捕され，獄中にて病死した．主著に，『獄中ノート（*Letters from Prison*）』（1975年）などがある．

旨とした政治戦略を展開するべきであるというわけである。

ここで，このような社会主義論の現代的な意義について論じておきたい。第一に，社会主義論は，いわゆる「社会主義革命の理論」としての役割については期待されたほどには果たしえなかったといえる。確かに，第二次世界大戦後，特に第三世界諸国（開発途上国）（📖⑬ ▶ p. 83）において数々の革命が起こり，それらのことごとくはこうした理論を一種のテキストとして遂行されたものではあった。しかし，これらの革命は社会主義革命というよりもむしろ植民地における独立革命であり，いわば市民革命としての意義を強く有している。また，今日における共産主義社会の崩壊や先進諸国における「豊かな社会」の実現，さらには発展途上諸国の社会における「階級」に代わる「民族」「人種」「宗教」「貧困」などの問題領域の重要性の増大は，社会主義論の革命理論としての側面の重要度を減退させたといえるであろう。

しかしながら社会主義論は，このような現状を変革するための理論としての役割よりも，かえって現状を改良する理論としては，かつて無いほどの甚大な役割を果たし，その影響はまさしく歴史的なものであったといえる。すなわち，現代社会における一般的な社会体制の原理となっている「混合体制」は，資本主義，自由主義，民主主義などともに社会主義が作り上げた「合作」である。特に，混合体制における福祉政策や財政政策などの「神の見えざる手」ならぬ「政府の見える手」による活動の理論的な根拠は，**ケインズ経済学**（☺⑮⑯，📖⑭）とともに社会主義論が生み出したものである。その意味で，現代社会の創成者の一人としての社会主義論が果たした役割を，我々は決して軽んじてはならないのである。

さらにいえば，政治経済学的な業績としての社会主義論に対しては，これに高い評価を与えてしかるべきであろう。それは，政治，経済，社会，文化，思想，哲学などの相互に関連する領域を一つの体系的な枠組によって論理的に捉える誠に斬新なマクロの視点を創造した業績であり，その意味で，社会主義論が社会科学を中心とした学問体系の発展に寄与した貢献度を，我々はむしろ積極的に評価すべきである。

📖：用語解説

⑭大きな政府と小さな政府

資本主義社会の景気変動が恐慌を通じて社会に甚大な影響を与えることが憂慮され，ケインズは現代国家の経済政策によって不況を緩和することの意義とその理論的根拠を提示した．こうした福祉国家の概念こそ，後世の大きな政府論の根底にある論理であった．しかしながら，政府による財政金融政策の持続的遂行がスタグフレーション（インフレーションと不況が同時に進行する状況）を常態化させ，また，政府の規模を無秩序に拡大化させることによって国民の経費負担（税金）が増大したことに危惧する声が高まり，かえって小さな政府による国家管理が得策であるとしたのが新自由主義の人々であった．ケインズが，特に財政政策のような大規模な経済政策の意義を重視したのに対して，むしろ金融政策の微調整機能を評価したのはフリードマンであったが（マネタリズム），ハイエクの場合にはその自由主義的主張はもっと徹底している．しかし，彼の議論において重要なのは，むしろ政府の強力な力によって自由な市場を構築する必要があると説いた部分であろう．新自由主義者はまた，小さな政府論者とも呼ばれるが，それはあながち正確な位置付けとはいえない側面もあろう．

☺：人物紹介

⑮ケインズ，ジョン・メーナード

（Keynes, John Maynard：1883-1946年）

20世紀を代表するイギリスの経済学者．経済活動に対する政府の積極的介入による景気変動の緩和という論理を中核としたマクロ経済学（経済政策論）の創始者としての評価を受けており，単なる経済学者としてよりも政治経済学者として勇名を馳せた．大蔵省顧問やイングランド銀行理事，IMF や IBRD 総裁などの重職を歴任した経歴を有する「象牙の塔」にこもらない実践者としての一面をもっていた．主著に，「貨幣改革論（*Treatise on Money*）」（1923年），『雇用・利子・貨幣に関する一般理論（*General Theory of Employment, Interest and Money*）』（1936年）がある．いわゆるケンブリッジ学派の総帥として経済学に革命（ケインズ革命）を起こした．

⑯ハイエク，フリードリッヒ・アウグスト・フォン

（Hayek, Friedrich August von：1899-1992年）

オーストリア系イギリス人の経済学者．ロンドン大学，シカゴ大学，ザルツブルグ大学などの教授を歴任．自由放任主義の立場からケインズ理論を批判するとともに，政治学への制度論的提言もおこなった．主著に，『隷従への道（*The Road to Serfdom*）』（1944年）など多数．

2　政治社会論

[要点]　前節ではマクロ的な視野から政治現象の把握を目指す理論のうち，特に自由や平等などの政治的な理念目的を実現するための支配の論理としての自由主義，民主主義，社会主義という三つの政治学理論を紹介してきた。これらの政治体制論の知識を踏まえた上で，本節においてはこうした支配の論理の下で，今度は逆に治められる側の人々がいかなる論理によって自己の政治的選択を遂行するのかという題材を取り扱った被支配の論理としての政治社会論に属する諸理論を紹介する。

(1) 国家社会論

ところで，我々のような現代の被支配者たちが政治活動に期待する機能とは，たとえば生活水準の向上であるとか，また治安の維持であるといった非常に多岐にわたる要求の実現である。しかし，そもそも政治の機能とは，個人的な協力関係の醸成を通じて社会的な意味における集団を形成し，その効用をもって社会の統合を実現していくことに他ならない。ここで統合とは，一般に統一や統制という言葉と同様に用いられるが，異なる立場や意見を否定するよりはむしろそれらの相違を前提として認めた上で秩序を構築しようとする活動を意味している。したがって，この概念は政治の機能を論ずる場合の中核的な概念としての意義を有している。

近代以前の時代，たとえば中世などの前近代の時代においては，社会的な一次組織としての**共同体**（📖⑮）が存在し，また，氏族的権力の存在がゆえに，そこでは伝統と慣習の力によって社会統合が成されていた。しかし，奴隷的社会の崩壊とこれらの要素の消滅，さらには近代的な**国民国家**（📖⑯）の形成に伴って，それは統治者および被統治者の自覚的な努力によって想像された共通規則，たとえば法体系に基づく協力を通じて秩序を実現し，それを維持するための権力関係が生起することになったのであった。すなわち，現代社会における国家の枠組と政治の活動とは不可分の意義を有しており，逆にいえば，我々は国家という枠組を通じて社会統合を実現し，政治活動を展開するのであ

📖：用語解説

⑮共同体

人間は自分一人では生活していくことができない動物であり，また同時に，他者との協同行動が実現されれば，自分だけではできない活動を遂行することが可能となり，飛躍的な利益を獲得することができるようになるのである．そこで，血縁，門閥，宗教，利益，地理などのいろいろな共有物を基底として共同体を形成し，集団としての社会生活を営むようになる．村落や部族からはじまり，現代の企業や国家などに至るまで，これまで人間が歴史的に生み出してきた様々な組織は，その意味で，いずれも共同体の一種であるといえよう．

⑯国民国家

共通の民族的もしくは人種的な同一性に基盤を置く民族国家とは異なる概念であり，共通の言語，文化，歴史，伝統，社会生活，経済活動などを土台として形成された人間の共同体的な枠組を指す概念である．したがって，その発祥は，19世紀の西ヨーロッパ諸国，すなわちイギリス，フランス，スペイン，ポルトガル，ドイツなどが該当するが，人種的な同一性という要件が欠落していても，上記のような共通の社会的要件が充当されていれば，それを国民国家というカテゴリーに入れることができるのである．

る。したがって，ここではそうした政治活動に必要不可欠な要素である国家という存在の本質を学問的に認識するための理論を紹介する。

一元的国家観

さて，近代において誕生した政治経済活動の重要な単位としての国民国家は，その時代背景として，特に当時の西ヨーロッパ諸国における絶対主義王政という政治体制の要素を反映して登場した枠組であった。そこで，国家という枠組がもつこうした体制上の絶対的な意義を重視し，それが行使する権力は神聖なる倫理的意義をもつものであり，その存在に対抗しうるような他の社会組織は存在しえないという考え方が生まれたのである。これが，永らく伝統的な政治学における国家というものの認識枠組として君臨した**「一元的国家観」**というものである。こうした国家の捉え方は，国家がもっている主権に裏づけされた権力機構としての意義を重視したものであるといえよう。

そもそも「主権」という考え方は，かの社会契約論が横行した時代に登場した概念であるが，これは，国家という政治的かつ経済的な枠組の中にあって，唯一にして絶対にして最高の権力という意義を有するものである。そして，その主権を有する国家こそ，あらゆる社会組織の中で，唯一，絶対，最高の存在であるという論理上の認識が生まれてくるわけであった。このような一元的国家観という考え方は，特に国家権力の正当性をめぐる議論を活発化させることに寄与し，**「国家主義（権力主義）」**（📖⑰，☺⑰）や「帝国主義」と呼ばれる国際政治の議論でも活躍し，さらに，**イギリス流の自由主義からの批判**（☺⑱）を受けつつも，国内統治における政府の権力的介入や対外政策における干渉主義，または，国家主権同士の衝突としての戦争や侵略行為などにおける対決主義の思想を生み出す温床となっていった。いうまでもなく**全体主義（ファシズム）**（☺⑲ ▶ p. 91）は，その究極的な実現形態の一種であったわけである。

階級国家観

ところで，一元的国家観が国家の権力機構としての側面の国家に着目するのに対して，その歴史的存在としての意義を重視するのは，**「階級国家観」**と呼

📖：用語解説

⑰国家主義・全体主義・帝国主義

国家主義とは，本来は国家の主体である国民を国家の構成要素の一つとして位置付ける考え方であり，個人の利益や権利を守るための国家の利益や権力を優先させる考え方である．このような思想は，時代の推移に伴って，むしろ個人の利益をないがしろにしてまでも国家全体の利益を優先させる全体主義（ファシズム，ナチズム）などの個人の存在を否定する思想を生み出す結果を招くとともに，自国の利益のためには他国の存在をないがしろにするような考え方としての侵略行動を容認する思想と結び付き，帝国主義の重要な要素となっていった．

☺：人物紹介

⑰ヘーゲル，ゲオルグ・ヴィルヘルム・フリードリヒ（Hegel, Georg Wilhelm Friedrich：1770-1831年）

ドイツの哲学者，思想家，政治学者．ハイデルベルグ大学，ベルリン大学教授などを歴任．19世紀最大の政治哲学者として名高い彼の思想は，ナショナリズムを基盤とする国家の意義を論じた業績であり，政治体制のあり方や市民社会と国家の関連性に関する洞察に富んだものであった．近代的な政治原理を追究したそのメッセージは，後世のマルクスをはじめとする数多くの人々に大きな影響を与えた．主著に，『法の哲学（*Grundlinier der Phoilosophie des Rechts*）』（1821年）がある．

⑱ラスキ，ハロルド・ジョゼフ
（Laski, Harold Joseph：1893-1950年）

ポーランド系ユダヤ人の家系に生まれ，イギリスで活躍した政治学者．ロンドン・スクール・オブ・エコノミクス（LSE）で教鞭を取った．初期には多元主義に基づく国家論を主張したが，次第にマルクス主義に傾倒し，晩年は階級国家観に基づく議論を展開した．実際の労働運動や政治活動にも参与し，日本の学界への影響も大きかった主著に『政治学大綱（*A Grammer of Politics*）』（1925年）がある．

ばれる考え方である。この理論は，先に紹介した「社会主義論」における特にマルクスなどの考え方を源流としたものである。それは，国家を支配階級が国家権力を利用して被支配階級を抑圧するための代弁的な機関として捉え，国家は過去の歴史におけるそれぞれの時代にそれぞれの支配階級のためにそれぞれの被支配階級を抑圧する役割を果たしてきたという論理である。そして，こうした論理の背景には，経済活動の活発化が生産力を拡大すると，必然的に階級の分化と階級対立が生じ，そこで公的な権力を利用した支配者による他人民への抑圧が起こるというマルクス主義的な社会動態の認識が存在するのである。

これによれば，たとえば，古代における支配者たちは都市国家という国家形態を利用して，奴隷制という手法を用いた抑圧行為を行ってきたということになる。また，中世においては，封建制国家という形態の中で農奴制という手法を使って，さらに近代においては，近代民族国家という形態の中で資本主義という手法を使った抑圧が行われているということになるのである。そして，最終的にはいわゆる社会主義革命を通じて，プロレタリア独裁の社会が実現されるに至り，国家は死滅するという予言が成されたわけである。我々はともかく，マルクスにとっては誠に残念ながら，この予言は見事に外れてしまった。今世紀において勃興した現実の社会主義国家が，軍事大国や管理社会としての色彩を濃くし，むしろ行政国家としての機能を非社会主義国家よりも持続的かつ飛躍的に増大させたことは大きな皮肉といわざるをえない。

多元的国家観

さて，一元的国家観が国家の権力機構としての意義を重視し，階級国家観が国家の歴史的存在としての意義を重視するのに対して，国家が有する社会全体の中における機能的な組織としての意義を重視する考え方が，現代政治学における**多元的国家観**（📖⑱）という考え方である。この考え方は，特に一元的国家観に対する批判的精神によって登場したものであり，ここでは，国家は他の社会集団と同位の存在であるに過ぎず，それぞれが特定の有限目的をもついろいろな種類の社会組織の中の一種に過ぎないものであるということになる。つまり，国家は，全体社会の中の一部の手段を分担保持している部分社会であ

📖：用語解説

⑱ラスキの多元的国家論

ラスキが唱えた国家論では，他の論者と同様に，国家が組合や企業などの相対的存在として位置付けられてはいるが，そこに他の集団間の調停役としての役割を期待していることから，修正多元国家観と呼ばれている．

☺：人物紹介

⑲アレント，ハンナ（Arendt, Hanna：1906-62年）

ドイツ出身のユダヤ系アメリカ人の政治思想家．全体主義や政治行動論の分野において卓越した業績を残した．著書として，『全体主義の起源（*The Origins Totalitarianism*）』（1951年），『人間の条件（*The Human Condition*）』（1955年），『革命について（*On Revolution*）』（1963年）など多数．

り，いわば一種の機能的存在であるというわけである。したがって，多元的国家観は，別名で，**「機能的国家観」**とも呼ばれている。

このような国家の機能的側面に着目した理論においては，その国家がもつ主権とは，唯一でも絶対でも最高のものでもない。それは，あくまでも複数性，可分性，そして多元性を有する概念であり，神聖な倫理的意義ではなく，社会組織としての機能的な手段に正当性の根拠を与える論理として捉えられる（📖⑲）。そして，時代の推移に伴って，国家は自己の果たすべき役割が増大し，その機能を飛躍的に拡大させつつ，かつての夜警国家から今日の福祉国家という形態へと進化してきたというわけである。なお，こうした状況に対しては，国家機能の拡大が国家権力の拡大を導出するという問題が指摘されており，一種の「自由主義の危機」としてその動向が懸念される傾向にある。多元的国家観は，国家を他の社会組織とともに社会システムを構成する一つの組織的存在として位置付けることから，こうした考え方は後に本書でも紹介する「政治システム論」を生み出すことに大きな役割を果たしたといえよう。

さて，以上，マクロ政治学的な視点に基づく議論の中の政治社会論に属する理論の最初として国家社会論を紹介してきたが，今度はそうした国家という枠組の中で社会的動物として活動する大衆の問題について論じた理論を紹介する。

（２）大衆社会論

政治学的な考え方においては，19世紀を近代として，また，20世紀を現代として区別し，それぞれの社会構造を，「市民社会」および「大衆社会」という各概念を用いて表現する場合が多い。市民社会というのは，財産と教養のある「市民」が社会の主役であるような社会である。ここでの主役たる市民は，知識や教養を有するがゆえに自己の理性による正確な予測や判断を行う合理的行動が可能であり，このような人々の理性の力によっていわば自然秩序が形成され，したがって社会を統括する政府の役割が最小限の**消極国家**，**夜警国家**，**立法国家**（📖⑳）で充分に社会統合を実現できるような社会を意味している。

しかし，自由主義や民主主義の考え方が一般化されるにつれて「普通選挙制度」が確立されるにおよび，不特定多数の新しい有権者たる「大衆」が社会の

📖：用語解説

⑲福祉国家と福祉政策

19世紀から20世紀にかけての時代に，資本主義的な近代工業化を推進した各国においては，産業構造の高度化や都市化の進行にともなって増大してきた種々の社会問題に市場原理を中核とした社会の自動調整機能だけで対応することができなくなるという現象が生じ，これを国家の権力的な機能に頼って解決していくという傾向をもつに至った．特に1930年代の大恐慌の経験は各国に大きな影響を与え，個人の財産の擁護からはじまって，教育，医療，環境，労働，住宅などの様々な領域における国家権力による国民へのサービスの時代を迎えることになった．これを福祉国家の登場，または福祉政策の実現という．いずれにしても，国家サービスの最大のものは，政策決定過程における国民の参加である．

⑳立法国家と行政国家・消極国家と積極国家・夜警国家と福祉国家

20世紀的な現代国家は，軍事力や警察力を用いて主権国家としての秩序（対内的秩序と対外的独立）を維持するための物理的な役割を越えて，より広く積極的な活動を展開している．その最たるものは，国民の非公共的な活動領域である経済活動や社会活動への積極的な介入であり，特に財政金融政策をテコとして国民経済の活性化をはかる経済政策と社会保障給付に代表される福祉政策の遂行である．このように国家のあらゆる領域に政府の役割がもたれることによって，国家権力の中で特に実際の政策を遂行する行政力の拡充が必要となり，それゆえ，こうした現代国家を行政国家・積極国家・福祉国家と呼ぶ．このような国家が形成される背景としては，政治の主役としての非自律的な大衆が登場した事実がある．しかし，自律した主体としての市民が政治の主役であったそれ以前の19世紀的な近代国家においては，政府は軍事力や警察力などの物理的な強制力の充実という消極的な役割にのみ専念することが要請され，国家はむしろ余計な仕事をしないで，特に経済活動などは自由放任にしてくれるほどその成果が期待できるという考え方が一般的であった．このように政府の活動の領域が限定されている場合には，国家権力の中で特に政府がどこで活動しどこで活動しないかを決定する力としての政策の立案をする立法力の権威が高まることになるため，それゆえこのような近代国家を立法国家・消極国家と呼ぶ．またドイツの社会主義者として名高いラッサール（Lassalle, Ferdinand：1825-64年）は，こうした国家を皮肉を込めて夜警国家と呼んだ．

新しい主役として登場することになる。これが，19世紀から20世紀にかけての時代における政治社会的な変容の特徴に他ならない。そして，こうした「大衆社会」においては社会の構造や規模は複雑化・大規模化し，それによって予測困難性は拡大し，大衆たる人々は非合理的な行動を取らざるをえない状況が生まれた。したがって，そこでの秩序の実現には多分に意図的な努力が必要とされ，そのため社会を統括する政府の役割は肥大化し，積極国家，福祉国家，行政国家としての枠組が必要とされる時代へと移行していくことになった。ここでは，こうした市民社会から大衆社会への変遷に伴って生起する政治現象の変化を考える理論である大衆社会論を紹介する（📖21）。

大衆社会成立

さて，大衆社会の問題を考察する政治学的な研究は，第一に，19世紀から20世紀にかけての時代における市民社会から大衆社会への以降という現象変化を事実として認めた上で，社会の新しい主役である大衆とはどのような行動の特徴をもつ政治的動物であるのかという問題を検討することから始まった。そこでは，19世紀以前における伝統的な政治学の前提であった一種の人間万能主義的な考え方の要素をもつ主知主義の思想が批判され，人間は，むしろ自分や他者の利益に照射して合理的な判断を下すような行動をせず，かえって非合理的な感情や衝動によって自分の行動，特に，政治活動を行う社会的動物であるという認識が登場した（☺⑳㉑㉒㉓）。このように，人間の非合理性（📖22 ▶p. 97）という要素に着目する姿勢は，後の時代における意思決定論などの理論にも見られる認識である。

したがって，人間による政治行動の要因として重要なものは，理性的な判断という要素に優越する情緒的経験という要素出あるというわけである。そして，このような情緒的行動原理に基づく活動を展開する政治的動物たる大衆に対しては，いわゆる政治的なリーダーシップによって象徴操作をすることを通じて扇動（アジテート）することが可能になるというわけである。すなわち，大衆社会の時代の一つの特徴として，ここでは，政治扇動による大衆の統治ということが指摘されているのである。

📖：用語解説

21大衆民主主義の可能性

我々は一般に，民主主義と呼ばれる政治制度が良いものであると確信している．何故ならば，民主主義は，身分の上下や能力の有無にとらわれず，社会を構成するすべての人々が，少なくとも法の下における平等な立場から様々な意見を表明する機会を確保し，それを政治に反映する手続きを整備するための基本的な理念だからである．また，同時に，そこではある意見が良いものであるのか否かを，できるだけ多くの関係者の知性にさらすことを通じて評価したり修正したりすることができるからである．たとえば，我が国においても，立法府たる議会を衆議院と参議院の二院制度とし，それぞれ別々の選出方法や任期を設定することを通じて，他に何か異論はないか，もっと良い意見はないかなど，当該法案を様々な人々の知性にさらそうと努力しているのである．しかしながら，民主主義がそうした本来の機能を効果的に果たし，良い成果をおさめるためには，一つの重要な前提が必要となる．それは，民主主義体制の主権者である国民としての大衆が，政治家を選択したり政策の善し悪しを評価するだけの最低限の見識を備えていなければならないということである．ここに，政治制度と教育制度や，市民を主権者としていた近代社会と大衆を主権者としている現代社会の相違などを論ずるという現代政治学の課題が生ずるのである．果たして我々日本の国民は，民主主義体制下の主権者たるべき見識を備えていると胸を張っていえるだろうか．

☺：人物紹介

⑳ウォーラス，グラハム（Warlas, Graham：1858-1932年）

イギリスの社会学者，政治学者．メリアムやベントレーらとともに，現代政治学の基礎を築いた偉大な学者である．従来の哲学的かつ制度的な伝統的政治学に心理学的なアプローチを導入し，また，現代の大衆社会論の出発点をも構築した．主著に『政治における人間性（*Human Nature in Politics*）』（1908年）がある．

㉑リップマン，ウォルター（Lippmann, Walter：1889-1974年）

アメリカの社会学者，政治学者．トクヴィルに始まりウォーラスらに受け継がれた大衆社会論の問題意識を継承し，思考文化，ステレオタイプ，インサイダーなどの概念を駆使した理論的な業績を残した．主著に，『世論（*Pubilc Opinion*）』（1922年）がある．

㉒リースマン，デイビッド（Riesman, David：1909-2002年）

アメリカの政治学者．シカゴ大学，イェール大学，ハーバード大学などの教授を歴任．群集論，大衆社会論における業績で有名．主著に，『孤独な群集（*The Lonely Crowd*）』（1953年）がある．

㉓オルテガ・イ・ガゼー，ホセ（Ortega y Gasset, Jose：1883-1955年）

スペインの哲学者．マドリッド大学教授．現代ヨーロッパ哲学の最高峰に君臨した一人であり，ニーチェらの影響を受け，貴族主義的な立場から大衆社会批判を展開した．主著に『大衆の反逆（*La rebelion de las masas*）』（1930年）がある．

さて，大衆社会論の第二のポイントは，たとえば「世論」などが形成される過程という問題への取り組みである。そこでは，人間の行動は実際の環境から受ける影響に対する反応であるというよりも，むしろ当事者たる人間が実際の環境に対して保有しているイメージや映像（疑似環境）に対する反応であるという認識が登場することになる。そして，この疑似環境と実際の環境との格差やズレが，人間の行動様式を規定する決定的な要因であるというわけである。

たとえば，そのようなズレの中には，ステレオタイプや偏見などといったバイアスの種類が存在する。これらのものは，部分的にしか知らない事物や人物を解釈する際に，それに対する自己の判断のために要するコストを節約するための人間の合理的な活動から生まれる先入観や固定化されたイメージであり，特に，政治活動の領域においては，人間はむしろこうした基準に即した判断に基づいて行動を決定するというわけである。

公衆としての大衆

ところで，現代社会における政治活動や経済活動の主役である大衆は，大衆という集団的存在であると同時に，個人としての存在意義をもっている。この点に着目したのが，**「公衆」**（📖㉓，☺㉔）という概念をめぐる議論である。すなわち，個人の社会における活動には，その結果が当事者で完結するものと，他者に影響があるものとが存在している。そして，後者の場合に関わる活動の当事者である限りにおいて，個人は公衆の一員となるというわけである。余談ながら，我々が，学校を卒業して社会人になる時に意識を改めなければならないのも，この点に根源が存在するわけである。

さて，このような公衆を管理する主体はいうまでもなく政府であり，その制度は国家である。そして，公衆の管理は公正な権力の行使を通じて遂行される必要があり，そのために，公職者を選任するための手続きの公正な整備と，マス・コミなどのメデイアを確立することを通じた社会的チェック機能の充実が必要であるという結論になる。公衆という概念は，現代社会における政治活動を遂行する大衆そのものであろう。その意味で，この議論は大衆社会の重要な側面を論じているといえる。

📖：用語解説

㉒合理的政治人（？）

経済学においては，常に利益獲得可能性が高い方の進路を選択する合理的行為者をホモ・エコノミクスと呼び，現代社会に生息する人間をこのような人々と想定して議論を展開している（合理的経済人の仮定）．したがって，政治学においても，公共選択論や政治経済学などの影響から，いわばホモ・ポリティクス（合理的政治人）の仮定を設定することが議論されている．しかし，政治的選択とは，経済的選択とは異なり，そもそも政治的利益の概念規定——何が利益で何が不利益なのかを判断する統一的な基準が存在しないのであり，いわば個々人による勝手な選択こそが政治の論理なのである．ここに，科学としての政治学の巨大な課題が潜んでいるといえよう．

㉓大衆・群集・公衆

大衆や群集の行動様式に関する学術的な研究は，政治学に限らず，現代社会を分析する視点を有するあらゆる学問の課題である．社会学，経済学，心理学，文化人類学，教育学，哲学，思想，文学，言語学などの数多くの学問領域において，永くこうした問題にメスが入れられてきた．その中にあって，基本的に無秩序な感情的動物である大衆や群集という概念から，他者に影響を与える社会的動物としての側面を抽出し，これに公衆という概念規定を与えたデューイの業績は最も興味深いものである．市民から大衆へ，大衆から公衆へと，人々はそれぞれの時代の社会的性格に即応して生活様式を変化させてきたのである．

☺：人物紹介

㉔デューイ，ジョン（Dewey, John：1859-1952年）

アメリカの哲学者・教育学者．実践主義（プラグマティズム）の代表的論者として，各界に多くの影響を与えた．ミシガン大学，シカゴ大学コロンビア大学などの教授を歴任．主著に，『公共性とその諸問題（*The Public and its Problems*）』（1927年），『民主主義と教育（*Democracy and Education*）』（1916年）などがある．

ところで，人間の社会的な行動や態度は，その人間の性格や時代感覚の産物である。したがって，そうしだ性格や時代感覚の差異や共通性を探求すること社会的性格を分類することは，大衆社会論という人間の社会行動の究明を主たる課題の一つとする議論において，ある意味では究極的な使命であるといえよう。ここでは，それぞれの歴史的状況における検討が成されている。

リースマンは，前近代における社会では，そこで生息する人々の社会的な行動は，それ以前の歴史において蓄積されてきた慣習や伝統によって規定されていたといえる（**伝統志向型**）（📖㉔）。しかし，近代に突入すると，いわゆる市民社会が成立し，そこでは市民たちの社会的な行動は，自己に内面化された理性や良心に基づいて選択されるようになった（**内部志向型**）。さらに，現代の大衆社会においては，人々は，他者からの期待と評価にしたがった，または，他者と自分との差異をできる限り埋めていくような方向性をもつ活動を展開するようになったというわけである（**他人志向型**）。そして，いうまでもなく現代は，内部志向型の要素が強い市民社会から，他人志向型の要素が強い大衆社会への移行がほぼ完了しつつある時代であり，こうした認識に即した政治活動の役割が検討される必要が存在するというわけである。

ところで，以上見てきたように，大衆社会の特質は，そこで活動する人々が画一化された様式に基づいて行動したり，また，それらの人々が政治的に中立意識を有していることなどから大きな危険性をはらんでいる。その最大のものは，**独裁**（📖㉕）の可能性である。大衆は市民と比べ，メディアを利用した象徴操作を通じて管理することが比較的容易な性質をもつ政治的動物である。したがって，その独裁に対する危険性は，常に自らによって意識されていなければならないであろう。

以上，国家社会論に続いて大衆政治論を紹介してきたが，この章の最後として，政治社会の全体を「システム」という科学的な発想の枠組を使って把握する理論である政治体系論を紹介する。

（3）政治システム論

さて，ここで使用する**「システム」**という概念について若干の言及をしてお

📖：用語解説

㉔伝統志向型・内部志向型・他人志向型

それぞれ中世，近代，現代における人間集団の行動類型（社会的性格）を表現していると同時に，現代社会における一人の人間の行動類型をも示している点は興味深い．現代人も，確かに自分の給料を他人と比べたり投票の際に他人の候補者評価を気にしたりはするが，ご先祖の霊に敬意を払うためにお墓参りに行ったり自己の信念に基づいて就職を決めたりすることもあり，そこには単なる他人志向型の行動原理以外の要素も存在している．したがって問題は，それぞれの時代において，どの要素が最も強烈に前面化しているかという程度であり，特に政治経済の分野に関わる社会行動の規範要素としてどれが最も影響力をもっているかということである．すなわち，現代社会は近代社会に比べて他人志向型の要素が多いのだが，そこには伝統志向型の要素も内部志向型の要素も存在している．

㉕独裁と大衆

大衆は市民とは異なり，財産や教養＝社会生活における余裕があるわけではない．したがって，そのような大衆が選挙によって指導者を選出する際には，自分にとって煩わしい作業をすべて引き受けてくれるリーダーを欲することになる．この時，「自分に任せて欲しい」と率先して難題に取り組む意思を提示する野心家が登場すると，いわゆる独裁政治を招へいする恐れが出てくるのである．

こう。一般にシステムとは，相互に関連性をもつ諸要素が体系的に構成された一つの統一物を意味するものである。そのような存在の全体を称して，これをシステムという。我々が生息している社会は，したがってそれだけで一つのシテスムである。しかし，社会という一つのシテスムは，様々な種類のより小さい規模のシステム（サブ・システム）が寄せ集まって形作られている「複合システム」でもある。ここでは，たとえば，経済システム，文化システム，そして政治システムなどの領域が存在しているのである。

ところで，本項で取り上げる理論が題材としている政治システムという概念の内容も，先のシステム一般の定義の言葉をそのままに置き換えればよい，すなわち，政治システムとは，相互に関連性をもってシステムを体系的に構成する政治現象の総体ということである。本項では，このようなシステムという科学的な考察の枠組を使って政治現象に取り組んだ理論を紹介する。1950年代から60年代にかけての時代に，アメリカ政治学の場に**「システム論」**（📖㉖）の技法が明示的に導入されることになった。この当時，政治学の研究が一つの飽和状態を迎え，特にその理論的研究の動向が一種の頭打ちの状況にあったことを憂い，こうした新しい手法，特に，「分析モデル」を用いた手法の導入を通じた政治理論の再生を目指す活性化が果たされたわけである。

入力＝出力モデル

たとえば，現代政治学においてもはや常識的な考察枠組の一つとなっているいわゆる**「入力＝出力モデル」**（📖㉗）と呼ばれる枠組は，この時代に政治学に導入されたシステム論的思考の典型例である。これは，ａ．政治システム（入力を出力に転換する装置），ｂ．入力（要求と支持），ｃ．出力（政策），ｄ．フィードバック（出力によるシステムの変化），ｅ．環境（政治システム以外の社会システム）という五つの要素の相互関係によって，政治現象の総体を包括的に捉えようとする枠組である。ここで入力とは，問題処理のための情報としての要求と，システムの構造を維持するための協力活動としての支持という意味である。また出力とは，諸価値の権威的配分という手続きを経た後に出てくる権威的決定としての政策という意味である。また環境とは，経済システム

📖：用語解説

㉖システム論

ある一つの動態的存在を複数の要素からなる有機的な結合体として考え，そうした視点からものごとを体系論的に把握していく方法である．特に政治学においては，国際システム，国家システム，政治システム，経済システム，文化システムなど，政治現象という舞台に登場する様々な要素をこうした体系として捉えていく場合がある．

㉗入力＝出力・モデル

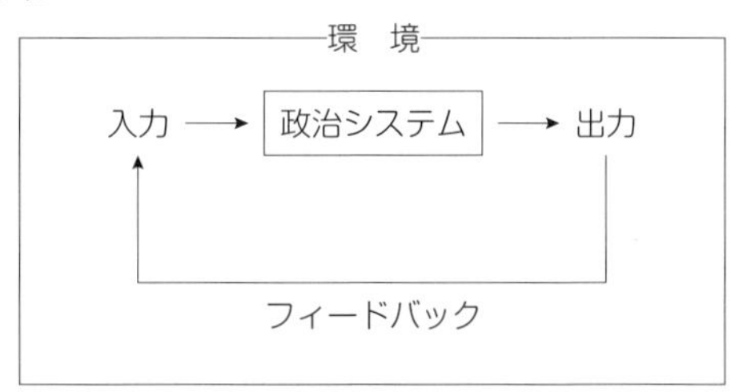

上図において，向かって左側から現在の社会状況――「環境」に関する種々の情報が「入力」されると，「政治システム」の内部においてその情報に基づいた様々な政治過程が繰り広げられ，その結果「出力」としての政策が打ち出された後，その善し悪しをめぐる情報が「フィードバック」されつつ，さらなる政治活動の反復がなされるわけである．この場合，「政治システム」の内部でどのような政治過程が遂行されるのかは，それぞれのシステムの種類や特徴によって異なるのである．たとえば，ある交差点で横断者の交通事故が多いという情報を「入力」された自治体，すなわち「政治システム」は，それに基づき予算や形状などの様々な角度からの審議を内部で検討し，あるいは歩道橋を作るなり，あるいは最新型の信号機を取り付けるなりするという政策を「出力」するのである．そして，仮にその政策によって事故の減少（政策の有効性）が実現できたという情報が「フィードバック」されれば，さらに他所へも歩道橋が設置されるなどの次の政策が検討されるというわけである．もちろん，この過程でどのような政治活動が「政治システム」の内部で行われるかは，東京都と大阪府や，日本とアメリカとでは異なるであろう．

や文化システムなどの非政治システムのことである。こうした構図の中で人々の要求と支持たる入力が変換装置としてのシステムに入り，それが政策として出力し，さらにその政策の結果，システム全体の構造への影響としてのフィードバックが成されるというわけである。

構造＝機能・分析

このような入力＝出力モデルの考え方をより社会的な概念化を通じて発展させたものに，いわゆる人類学的な**「構造＝機能・分析」**（📖28）がある。この枠組も，だいたい1960年代頃に政治学へ応用されたものである。そして，ここでは，あるシステムにおいて，いかなる構造がいかなる機能をいかなる条件下で発揮させるのかという問題意識が存在している。構造＝機能・分析の基本的な論理構造は，入力＝出力モデルとほぼ同様である。たとえば，政治システムの基本的な機能は，ａ．入力機能（政治機能），ｂ．出力機能（統合機能），ｃ．政治的社会化機能（学習機能）となり，これは，先のモデルにおける入力，出力，フィードバックという概念にそれぞれ対応するものであろう。なお，ここで入力機能としては，選挙民とメディアによる政治的コミュニケーション活動，圧力団体による利益の表出活動，政党による利益集約活動などが含まれる。また，出力機能としては，議会による規則の作成，政府による規則の適用，裁判所による規則の裁定などの活動が含まれる。さらには，政治的社会化機能とは，社会における政治的な価値観を学習する過程であると考えられるのである。

サイバネティクス・モデル

ところで，このようなシステム論的思考の一種として，政治学へ制御科学（サイバネティクス）を応用した枠組も登場した。ここでは，政治システムの動態を決定付ける要因が，権力ではなく「情報」であると考える。すなわち，政治システムの中心的な課題は，権力の扱い方ではなく情報の管理法であり，したがって，政治システムは情報の流れとしてのコミュニケーション・ネットワークであると規定されるのである。そして，その構造は，ａ．受信装置，ｂ．作動装置，ｃ．フィードバック制御装置から成り，それぞれ，情報の収集およ

📖：用語解説

㉘構造＝機能・分析

あるものがどれだけの機能を発揮するかはそのものの構造に規定され，また，その運動のいかんによって逆に構造自体が変化していくという考え方である．たとえば，100 m 走の選手がどれだけのタイムで走ることができるか（運動能力）は，その選手の身体的な構造（身長，体重，筋肉の付き方，骨格，エネルギー摂取量など）という要素に依存しており，練習を積んでいけば（運動量を多くしていけば）身体がますます出来上がってきて体格もよくなるというわけである．まさしく合理主義や科学主義の思想を生み出した西洋らしい考え方であるといえよう．

びデータの処理，意思決定および政策の遂行，自己修正機能を果たすものとされるのである。

▒政治システム論から政治文化論へ

ところで，このような政治システム論の導入によって，それまでの政治学では遂行できなかった多くの考察ができるようになったことは注目に値する。たとえば，政治システム論の枠組を応用することによって，我々は，各国の政治体制に関する共通性を解明すること，すなわち政治体制間の比較が可能となった。しかし，システム論的思考によれば，そうした体制間の共通性は理解されても，その差異の説明は不可能である。そのため，こうしたシステム論の限界に着目した議論として，「政治文化論」という理論が登場することになった。

政治文化論は，政治体制の形態について時間的かつ空間的に存在する差異を考察するための枠組である。そこでは，価値，信条，イデオロギーなど，人間の政治行動に影響を与える諸概念を数量化し，統計学的な操作を通じて，その政治的な思考パターンを分類するという作業が行われる。そして，その結果，ａ．**未分化型**，ｂ．**臣民型**，ｃ．**参加型**（📖㉙）などの分類指標が政治学の概念として誕生することになったのである。

本章では，各国家の枠組の中で生起する社会現象の一種としての政治現象を全体的かつ総合的に把握するための理論であるマクロ政治学の理論を紹介してきたが，次章においては，このマクロ政治学が取り扱う題材よりもさらに大きな題材としての国際政治現象を取り扱う理論（国際政治学）を紹介する。

📖：**用語解説**

㉙未分化型・臣民型・参加型

政治文化の歴史的類型であるが，現代社会における種々の組織文化を類型する枠組としても応用できる．未分化型は，いわゆる政治的役割が専門化されていない前近代社会における政治文化であり，また臣民型は，政治が統治者の恣意的な活動として行われ，その下で人民がいわば服従を余儀なくされるような体制の政治文化を表現している．こうした状況では，被支配者たる人民は政治に口出しをすることが許されない．しかし参加型になると，独立した個人（市民）や社会組織の構成員としての集団（大衆）が大いに政治のあり方に口出しをすることができるようになるのである（主権者としての人民）．たとえば，未分化型を比較的小さい規模の有限会社，臣民型を起業家たるワンマン社長が率いる同族経営会社，参加型を現代的な株式会社などとして設定して見れば，それぞれの会社形態における企業文化を推察することもある程度可能であろう．

コラム4　司法国家への道

経済活動や情報流通の物理的範囲が拡大し続ける現代においては，ボーダーレス化の進行が，これまでの国内社会や国際社会の制度的基盤であった国民国家という枠組を溶解させるという現象が起きている（☺：村上泰亮）。このことは，国民国家の存在を前提として構築された欧米流の現代社会科学の成果を見直す必要があることを示唆する現象であり，同時にまた，現代の国民国家自体が，そのような社会情勢の変化に即応した新しい機能と位置付けを有する存在へと変化していく必要があることも意味している。

このような状況下にあって，おそらく今後の国家はますます多元主義的な傾向を強めていき，国際組織や多国籍企業などの非国家的行為主体から超越している上位の存在性という意義をより薄めていくものと考えられる。これまで国家が果たしてきた重要な公的役割，すなわち立法，行政などの多くの部分を，他の私的かつ地域主義的な組織が代行していくようになるからである。

したがって，むしろ国家は，そうした様々な領域で展開される諸組織の活動から生ずるであろう利害関係の調停役としての役割を果たすことに主な機能を集中していく相対的な存在へと変容していくのではないだろうか。つまり，立法権や行政権よりも司法権を中心とした新しい国家観，すなわち「権力的存在」というよりもむしろ「権威的存在」としての国家である。このことは，現代の国際社会において，いわゆる国際司法裁判所の判決というものが，その執行に強制力を伴わないものであるにもかかわらず権威ある良識として各国に尊重されているという事実を見ても明らかである。

21世紀，そしてさらには22世紀に向けての新しい国家像とは，おそらくはこうした司法権をその活動の中心とする公式の制度的枠組と考えることができよう。その意味で，国家の機能や役割は，19世紀における近代的な民族国家を土台とした夜警国家や立法国家のような消極的なものから，20世紀における現代的な国民国家を土台とした福祉国家や行政国家のような積極的なものへ変質した経験の上に，さらに21世紀を越えた将来には，「調停国家」や「司法国家」とでも呼ぶべきものへ進化していくことになろう。

☺：人物紹介

村上泰亮（Murakami, Yasusuke：1931-1993年）

日本を代表する経済学者。東京大学教養学部教授として活躍した。専攻領域である理論経済学の見識を土台として，経済学，政治学，社会学，国際関係など多くの分野にまたがる総合的な議論を展開し，現代日本における社会科学全般の発展に甚大な貢献をした。主著に，『産業社会の病理』（1975年），『反古典の政治経済学』（1990年）など多数。

第4章

国際政治学

1　国際体制論

[要点]　国際社会におけるそれぞれの国家は国際社会全体の規模における国際政治現象の中で活動を展開する。逆にいえば国際社会における国家の活動は国際社会全体の動向によって規定され，ある意味では支配されているといえよう。したがって，先のミクロ政治学やマクロ政治学の場合と同様にして，「支配の論理としての国際体制論」と「被支配の論理としての対外政策論」という論理的な構図を設定することができるのである。

(1) リアリズム（現実主義論）

国際政治学の理論には，大きなパラダイムが二つある。一つは，**国際体制論（マクロ国際政治理論）**（📖①）である。これは，国際政治という政治現象を見る際に，大きな視野から把握することを心がける立場の理論である。したがって，その分析対象は，冷戦体制の崩壊であるとか，共産主義社会の消滅であるとか，ASEANやEUの統合活動であるとか，いわば国際社会全体の動向や少なくとも地域主義的な規模の問題である。

ところで，この国際体制論の中にも，いくつかの理論の種類が存在する。第一は，国際政治現象の中で，軍事的もしくは政治的な争点に関わる側面に着目して論理を展開する**現実主義論（リアリズム）**である。また，第二は，国際政治現象の中で，こちらは経済的もしくは社会的な争点の側面に着目して論理を展開する**制度主義論（リベラリズム）**である。そして，第三は，国際政治現象が生起する要素としての国際システムの構造的な要素に着目して論理を展開する**構造主義論（ストラクチュアリズム）**である（📖②）。

勢力均衡論

現実主義論の最初に取り上げる理論は，**勢力均衡論**と呼ばれるものである。現実主義論に限らず，国際政治学における国際体制論（マクロ理論）を見ていく場合に重要なポイントは，それぞれの理論が，まず国際政治の現状というも

📖：用語解説

1現代国際政治をめぐる国際体制論の潮流

国際体制論			
年代	現実主義論	制度主義論	構造主義論
50年代 ～60年代	勢力均衡論 H. Mogenthau, S. Hoffmann, H. Bull, etc. ↓	国際統合論 E. B. Haas, K. W. Deutsch, etc. ↓	従属論 A. G. Frank, O. Sunkel, etc. ↓
70年代 ～80年代	覇権安定論 長波理論 （新現実主義） R. Gilpin, G. Modelski, etc.	相互依存論 レジーム論 （新制度主義） R. O. Keohane, J. S. Nye, S. Klasner, etc.	世界体系論 （新構造主義） I. Wallerstein, C. Chase-Dunn, etc.

上図には，国際体制論（マクロ国際政治理論）のそれぞれの理論が時代の変遷（現象変化）に即応してどのように論理的な進化をしてきたのかが示されている．まず，1950年代から60年代にかけては，勢力均衡論を中核とする現実主義，国際統合論たる制度主義，従属論に代表される構造主義が興隆したが，次に，1970年代から80年代にかけては，こうした動向を受けて，覇権安定論や長波理論を中核とする新現実主義，相互依存論やレジーム論たる新制度主義，世界体系論に代表される新構造主義が登場することになった．左ページの本文の記述と合わせれば，各々の理論がそれ以前に興隆した理論の不備を補足するための努力の蓄積によって発展してきたことが読み取れるであろう．

2政治的動物の三つの側面

先に，ミクロ政治学やマクロ政治学について論じた際に，政治的動物としての人間の行動には，他の人間と対立したり，また，他の人間と協調したり，さらに，社会システム全体の構造的な要素によって制約されたりという三つの側面が存在することを指摘した．そして，こうした政治活動に関わる三つの側面は，国内社会における人間や組織の政治行動の性質であると同時に，国際社会における国家や組織の政治行動にも該当する性質であることも指摘した．したがって，国際体制論の三つの理論は，この三つの政治現象や政治行動の性質にそれぞれ該当する理論なのである．

のをどのようなものとして捉えているのか（**認識論的意義**），次に，理想的な国際政治の姿とはどのようなものと考えているのか（**規範論的意義**），さらに，それではそういう理想に現実を近づけていくためにはどのような方策を選択したら良いと考えているのか（**政策論的意義**）という三つの視点である。

ところで，勢力均衡論も後に論ずる**覇権安定論**も，現実主義論という一つのカテゴリーの中に入れることができるし，また，前者を狭義の「現実主義（リアリズム）」，そして，こうした理論が進化した形態をもつ後者の理論を**「新現実主義（ネオ・リアリズム）」**と呼ぶことも可能なわけである。なぜ「現実」という冠が付けられているのかといえば，この種の議論では，戦争や紛争，摩擦などの一種の殺伐とした局面を常態として取り扱うからである。我々が，一般の生活の中で，たとえば「彼は“現実的”な選択をする人間だ」と評したりすることに連想せよ（📖3）。

ところで，勢力均衡論の論理的な核心は，以下のような論理である。それは，同程度の国力を有する数カ国（だいたい6～8カ国ぐらい）の軍事的・経済的なパワーのバランスを保つことによって，各国の国益の安定的な確保と国際社会の秩序が実現されるというものであり，いわゆる「バランス・オブ・パワー」と呼ばれる考え方である。このような論理は，当初，古典的な国際政治学の学者たちによって，いわゆる19世紀のヨーロッパ型国際システムを説明する枠組として発達したものであるが，現代の国際政治学の中にあっても，ブル，ウォルツ（Waltz, K. N.），**オーガンスキー**（☺①②③④）などの手によって科学的に定式化され，今日の現実主義論の重要な一方の旗手となっている。国際政治学が科学的に少しずつ整備されはじめた第二次世界大戦後から，だいたい1960年代ぐらいの時期までは，国際政治学における学術業績のほとんどは，この勢力均衡論の枠組を踏襲したものであったといっても良いぐらい，この理論はもてはやされたのであった。

たとえば，**ブル**（Bull, H.）は，第一に世界政治における秩序の性格を検討するために，国際政治をめぐる諸概念の整備を通じて秩序の意義そのものを考察している。彼の議論では，国際秩序とは，諸国家からなる社会としての国際社会における基本的，本来的，普遍的な目標である生存の保持，契約の遵守，所

📖：用語解説

3対立する論理としての現実主義

現実主義論に属する理論は，ここで取り上げる勢力均衡論も，また，後に取り上げる覇権安定論や長波理論も，いずれも国際政治の行為主体としての国家の行動や力を重視している．そして，それらの国家の行動の中で，特に，軍事的もしくは政治的な活動が果たす影響に着目して，その論理を展開している．換言すれば，現実主義論は，先に指摘したように，国際政治の三つの側面の中で，特に，国家と国家が対立したり対決したりする側面を基本的な題材としている理論なのである．

☺：人物紹介

①オーガンスキー，アブラモ・フィノ・ケネス（Organski, Abramo Fino Kenneth：1923-1998年）

イタリア生まれのアメリカ人政治学者．ニューヨーク市立大学，ミシガン大学などの教授を歴任．比較政治学における政治発展論や国際政治学における覇権移行論などで知られる．主著に『世界政治論（*World Politics*）』（1958年），『政治発展の諸段階（*Stages of Political Development*）』（1965年）などがある．

②カー，エドワード・ハレット（Carr, Edward Hallet：1892-1982年）

イギリスの歴史学者・政治学者．永らく外交官職に就いた後，ケンブリッジ大学などで教鞭を取り，モーゲンソー，シューマンらとともに現実主義的な国際政治学（リアリズム）の先駆者の一人となった．主著『危機の20年（*The Twenty Year's Crisis*）』（1939年）は現代国際政治学の古典として定評がある．

③アロン，レイモンド・クロード・フェルディナンド（Aron, Raymond Claude Ferdinand：1905-1983年）

フランスの社会学者・政治学者．ソルボンヌ大学教授．また，ジャーナリストとしてもメディアで健筆を奮った．国際政治における戦争と平和に関する評論で著名．主著『戦争と平和（*Paix et guerre*）』（1962年）は，戦後フランスの論壇におけるおよそ唯一の国際政治学の業績である．

④カプラン，モートン・A（Kaplan, Morton A.: 1921-2017年）

アメリカの政治学者．シカゴ大学教授．現代国際政治学におけるマクロ理論の先駆的業績ともいえる国際システム論を提唱した．主著に，『国際政治分析の諸問題（*Some Problems in the Strategic Analysis of inter-national Politics*）』（1959年）がある．

有の安定を維持する活動様式と定義される。これら三つの目標無くしては，社会という名に該当せず，これらの目標の達成は他の目標の確保の前提となるものであり，さらに，あらゆる社会と呼ばれているものにはこれらの目標が保持されているからである。

続いて，以上のような意味における国際秩序が世界政治において存在するか否かが論じられる。ここでは，世界政治における国際システムや国際社会の存在を認識した上で，戦争を媒介とした対立的側面を重視する**「ホッブズ的見解」**（☺⑤⑥⑦），人類共同体的な普遍社会の達成を重視する**「カント的見解」**（☺⑧），および両者の中間形態としての経済的社会的交流を媒介国とした協調の側面を重視する**「グロティウス的見解」**（☺⑨⑩⑪）という国際社会観を提示し，特に，グロティウス的見解を取り上げて，15世紀以来のキリスト教世界，18世紀以来のヨーロッパ世界，そして，20世紀の全地球的規模にわたる国際社会を振り返りつつ，歴史的に検討している。

そして，現代の国際システムには，戦争，国境横断的団結，国際協力的活動という三つの要素の全てが存在しているが，特に，第三の要素が強調される現代において国際秩序はある程度存在しているという。また，実際の国際社会における秩序維持の方法が検討され，そこでは，秩序維持の要件として共通の利益，規則，制度などが挙げられている。そして，国際社会における制度として最も重要なものは国家であり，それを前提として勢力均衡，国際法，外交，戦争などの諸制度が存在すると論じられるのである。

しかしながら，このような勢力均衡論の論理は，現実の国際政治の要素から，少なからず理論としての限界を露呈することになる。学問や科学というものは，常に，それが考えている対象の動向に即して修正されたり追加されたりすることによって，進化するものである。したがって，勢力均衡論も，科学的な理論である以上，そうした運命を担っていたといえよう。

さて，その問題点とは，以下のようなものである。つまり，勢力均衡論の論理でいえば，いわゆる米ソ両超大国の冷戦体制という国際政治の現実的な構図の中で，その二大陣営の対立という図式については広義の**勢力均衡**（📖4 ▶ p. 115）という意義から説明することはできても，それぞれの陣営の内部にお

☺：人物紹介

⑤**ホッブズ，トマス**（Hobbes, Thomas：1588-1679年）

イギリスの哲学者思想家，政治学者．ピューリタン革命の渦中にあって，自己の思弁的苦悩の中から近代合理主義の政治的意義を見出し，社会契約論の先駆的業績を生み出した．人間の平等を自然権とし，これを実現するために必然的に生起する万人の万人に対する闘いを防止する手段としての人間の理性（自然法）が社会秩序を構築するという論理は，後世の国家論や社会論に甚大な影響を及ぼした．主著に，『レヴァイアサン（*Leviathan*）』（1651年）がある．彼にはじまる社会契約論の正統は，イギリスのロックによって継承され，フランスのルソーによって論理的な完成を見た．

⑥**ロック，ジョン**（Locke, John：1632-1704年）

イギリスの哲学者，政治思想家．ホッブズ，ルソーと並んで社会契約説の立場をとる啓蒙思想家たちの頂点に立ち，近代民主主義社会の思想的基盤を整備した．モンテスキューの三権分立制（立法，行政，司法）に対する二権分立制（行政，立法）の政治体制を提唱し，政治の不備に対する人民の抵抗権を認可した．主著に，『市民政府論（*Two Treatises of Government*）』（1690年）がある．

⑦**ルソー，ジャン・ジャック**（Rousseau, Jean-Jacques：1712-78年）

スイスに生まれ，フランスで活躍した社会思想家，政治思想家．ホッブズ，ロックと並ぶ18世紀ヨーロッパにおける啓蒙思想の旗手の一人．その著作活動は，政治，社会，文学，教育，宗教，音楽，道徳などの膨大な領域に及ぶが，特に社会契約説に基づく近代民主主義思想を展開し，一般意思による共和制を提唱して著名となった．主著に，『社会契約論（*Du contrat social*）』（1762年）がある．

⑧**カント，イマニュエル**（Kant, Immanuel：1724-1804年）

ドイツ（プロシア）の哲学者，思想家．知識の内容は経験によるものとした前提に基づき，認識の本質と限界を批判的に問うことを通じて理性批判を展開した．主著に『純粋理性批判（*Kritik der reinen Vernunft*）』（1781年）がある．

⑨**グロティウス，ユーゴー**（Grotius, Hugo：1583-1645年）

オランダの法学者であり，「国際法の父」「自然法の父」と呼ばれている．弁護士として出発し，法務官行政長官などの政府の要職を歴任した．神学論争に巻き込まれて幽閉されるもフランスへ亡命し，主著『戦争と平和の法（*De Jure belli ac pacis*）』（1625年）をはじめとする様々な著述活動を展開した．世界的名声を得た後には，スウェーデンからの申し出を受けて駐仏スウェーデン大使などを歴任した．法学，政治学，宗教学，歴史学などの広い分野にわたる業績を残したが，近代自然法の原理によって国際法を体系化したことはその最大のものであった．

⑩**モーゲンソー，ハンス・ヨアヒム**（Morgenthau, Hans Joachim：1904-1980年）

ドイツで生まれ，アメリカで活躍した現代国際政治学の創始者．シカゴ大学教授などを歴任．国際政治学の分野における「シカゴ学派」の総帥であり，政治的現実主義＝権力政治観に基づく視点からディシプリン（独立科学）としての国際政治学を体系化した．もはや古典的名著ともいうべき『諸国家間の政治（*Politics Among Nations*）』（1948年）は，彼に先立つＥ・Ｈ・カーやＦ・シューマンらの伝統的手法による研究成果を踏まえた上で，彼に続くマクロ理論の先駆者としてのＭ・カプランやミクロ理論のパイオニアとしてのＲ・スナイダーらの研究成果が登場する基礎を提供した不滅の業績である．その意味で，現代国際政治学はモーゲンソーから始まったといえよう．他に『世界政治と国家理性（*In Defense of the National interest*）』（1951年）などの名著がある．

⑪**シューマン，フレデリック・ルイス**（Schuman, Frederick Lewis：1904-1981年）

アメリカの政治学者，国際政治学者．シカゴ大学やウィリアムズ・カレッジなどで教鞭を取りつつ，アメリカ外交，ナチス独裁，ソ連政治などに関する業績を残した．主著として，『国際政治（*International Politics*）』（1933年）がある．

ける覇権国たる親分と陣営メンバーたる子分との相互関係を説明することができなかったのである。すなわち，国際政治は，強国のバランス・オブ・パワーではなく，むしろ他の諸国を圧倒する強大な国力を有する覇権国の力によってこそ安定し，秩序付けられるものではないのかという疑問である。ここに，勢力均衡論は，現実主義論の主役の座を退き，代わって，以下に紹介する覇権安定論や長波理論がこれに座ることになるのである。

覇権安定論

国際政治の動態を，国際社会を構成する各国家の国力とその国力の分布，または，その分布の変化などから考察する試みは，現実主義論の論者たちによって，広く一般的な国際政治学の手法の一つとなったといえる。特に，ここに紹介する覇権安定論は，そうした手法を究極的に活用した結晶であろう。

覇権安定論の論理的な核心は，以下のようなものである。すなわち，国際システムの安定は，他の全ての諸国が合同で挑戦しても揺るぎないような強力な国力をもった覇権国の国際公共財供給能力によって形成，維持され，その力が衰えるとシステム統制者の座をめぐって世界戦争が行われ，再び新しい覇権国によって新しい国際体制が形成されるという論理である。そして，これが過去の世界史の事例――ポルトガル，スペイン，イギリスなどの経験から考えると，だいたい100年から120年周期ぐらいの間隔で繰り返し生起している現象だというのである。このような理論は，1970年代の中期あたりから**ギルピン**（Gilpin, R.）や**モデルスキー**（Modelski, G.）によって唱えられ，とりわけ1980年代においては，国際政治学の議論の題材として大きな役割を果たすことになった。特にモデルスキーは，ギルピンの覇権安定論に加えて，経済学における**「コンドラチェフの波」**（☺⑫▶p. 117）などの概念を応用し，世界大の規模における国際政治経済史に関するより長期の射程距離を考察の範囲として取り込み，いわゆる長波理論を提示した。

たとえば，ギルピンは，1970年代以降の世界においても後述する「相互依存論」でいわれるような国際政治の基本的枠組の変化は無く，そこには不変的な動態要因が存在するとしている。その論旨は，国際政治は「覇権国」が強大な場合に安定し，その覇権力が衰えると不安定になるというものである。また，

📖：用語解説

4勢力均衡の三類型

図1

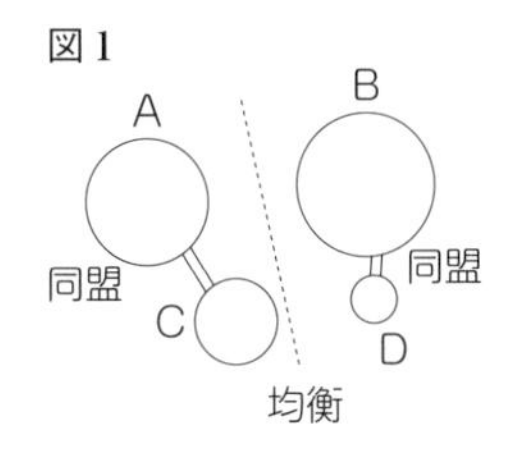

a．同盟型

ある国が他の国と同盟を締結することによって脅威を受ける第三国が，これに対抗して他の国と同盟を締結する過程を通じて，両陣営の間に均衡状態が生まれるような状態．たとえば，左図1のA国は，自己より大きな国力を有するB国の敵対行動を恐れてC国と同盟関係を結ぶが，これによって逆にB国は脅威を感じ，D国と同盟を結ぶことを通じて対抗する．その結果，A=B同盟とC=D同盟の間に勢力の均衡が完成するのである．18世紀～19世紀にかけて，ヨーロッパ大陸に200年間の平和を実現した過程，いわゆる「ビスマルク外交」（☺⑬▶p. 117）の時代はこれに該当する．

図2

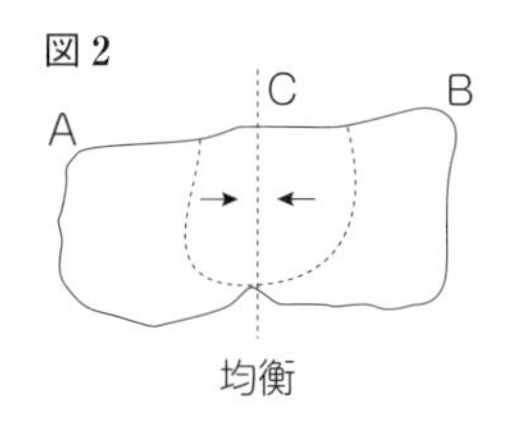

b．共同分割型

国力が拮抗しているある国と他の国の双方がお互いを脅威と感じている場合に，隣接する第三国がいずれかの勢力下に入ることがあれば両国間の勢力均衡が崩れてしまうので，双方がその第三国を共同で侵略・分割してしまい，均衡を維持するような状態．たとえば，左図2のA国とB国は，C国を挟んで均衡しているが，A，BいずれにC国が取り込まれても一方の国力の増大＝他方の国力の減退となる．したがって，A国とB国がC国を共同分割してしまうことで，双方の脅威を封じ込めるのである．ドイツとソ連＝ロシアの二大国に挟まれたポーランドが，過去の歴史において実に三度も分割されたのはその一例である．

図3

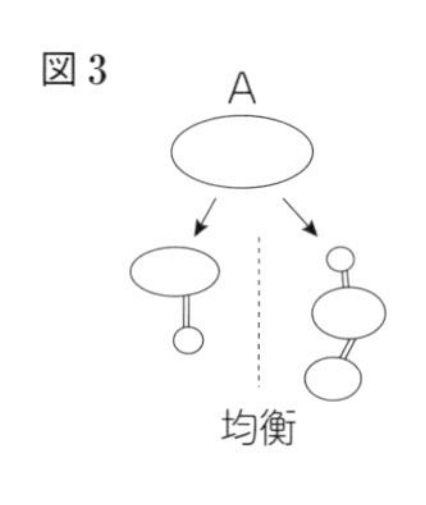

c．バランサー型

他国を超越した国力を有するある国が，他の国々の同盟や対立などの動態を見据えながら，常に勢力の弱い方の陣営にテコ入れすることを通じて，国際関係全体としての勢力均衡を実現させるような状態．左図3のA国は，ある時は一方に，また，ある時は他方に肩入れするバランサーとしての役割を果たすことを通じて，いずれの陣営にも勢力が集中しないような状態を形成し，全体としての勢力均衡を維持するのである．パックス・ブリタニカの時代を作ったイギリスの行動は，まさしくこのようなバランサーに他ならなかったのである．

国際システムは「サイクル」を描いて発展するが，そのサイクルの変わり目にはシステムの統制者の座をめぐって「ヘゲモニー戦争」が起こるというのである。これは，諸国家が自己の国力を極大化するような合理的決定を下しつつ富とパワーを追求する場合に，「ドミナント・パワー」と「挑戦者」との間で争いが起こるというメカニズムによって引き起こされるというものである。そこで彼は，第一に，いかなる国もシステムの変化に利益を見出さない場合にはシステムは安定・均衡する，第二に，システムの変化によって「純収益の増大」が得られる場合にはいずれかの国がそのシステムの変容を企てる，第三に，「限界費用」と「限界収益」が均衡した後は「現状維持」を保つ費用が加速度的に増大する，第四に，国際システムの不均衡が解決しない場合にはシステム自体の変容によって新たな力の分布に見合う新しいシステムが作られるという四つの仮説を提示する。特に重要なことは，各国の力が「不均等発展」する為に力の分布が変化してシステムが不均衡になり，それが「覇権戦争」や「平和的交渉」によって解決されると再び均衡するというサイクル論的視点である。

ところで，彼の議論の重要ポイントは**「優越」**（📖5）という概念である。すなわち，国際システムにおける優越状況を維持するためには「経済余剰」が必要であり，そのような余剰の生成や喪失がサイクルを作り出すというわけである。そして，時間の経過に伴って覇権国の覇権維持コストが増大すると，その力が「下降局面」を迎えることになる。その要因としては，第一に，収穫逓減法則による成長率の鈍化や**「後発性利益」**（📖6）の喪失，第二に，軍事技術開発コストの増大，第三に，国内福祉による財政支出の肥大化，第四に，低生産性サービス・セクターへの産業構造の転換，第五に，道徳的退廃などの「国内的要因」とともに，軍事費の増大，公共財提供費用の拡大，対外経済依存度の高まりといった「外部要因」がある。したがって，覇権の維持のためには，「対内的経済余剰」と「対外的貿易余剰」が必要なのである。

ところで，ギルピンのヘゲモニー・サイクルの射程距離は，産業革命以後のイギリスとアメリカの覇権時代を取り扱っている（19世紀と20世紀の200年間）。覇権体制自体は，覇権国の自己に対する直接的な利益の確保と「国際公共財」の提供による他国の支持獲得というメカニズムによって成立するのだが，覇権

📖：用語解説

5 ヘゲモニー（覇権）とプライマシー（優越）

ある状況や組織において唯一で絶対で最高の存在としての指導者であるヘゲモン（覇権者）が統括する覇権に対して，複数の統治者たちの首位（主位）としてのリーダーが存在する優越という捉え方が一般的である．たとえば，アメリカは戦中・戦後のヘゲモンから現在は先進国中の首位（優越者）へ降格したと見ることができよう．

6 後発性利益

国際社会における各国の経済的進化の度合いにおいて，先発して経済発展に努力している国よりも，それに続いて後発的に経済発展を目指す国の方が時間的に早く進化することができるという論理である．なぜならば，遅れて出発する後発国は，パイオニアたる先発国の経験や，すでに彼等が開発した種々の技術（工業技術，経営技術，商品化技術など）を自己が開発することなしに学ぶことができるからである．かつて後発性利益の存在に危機感を抱いた先発国の対応は帝国主義へと結晶し，そのため，後発性利益を享受できない後発国の反発は反動的な帝国主義化たるファシズムへと結晶していったといえる．

☺：人物紹介

⑫コンドラチェフ・ニコライ・ドミトリエビッチ（Kondrarief, Nikolai Domitrievich：1892-1938年）

旧ソ連の経済学者．景気研究所所長やチミリャーゼフ農業経済アカデミー教授などを歴任．経済発展の過程における景気循環の理論を体系化し，経済現象がおよそ50年周期で好況と不況を繰り返すものであると論じた．主著に，『長期波動論（*Economic Long Wave*）』がある．

⑬ビスマルク，オットー・エドゥアード・レオポルド（Bismark, Otto Eduard Leopold：1815-1898年）

ドイツ（プロイセン）の政治家．ドイツ第二帝国の宰相としてヴィルヘルム１世を助けつつ，その統一と発展に貢献した．普澳戦争や普仏戦争を勝ち抜いてドイツの統一を確保した後は，ヨーロッパの外交政策をほとんど一人で操った．また国内では社会政策を充実させる一方，帝国主義政策としてアフリカ植民地の経営に手腕を発揮するなど，その才能はとどまるところを知らなかったが，ヴィルヘルム２世との対立によって辞職した．主著として，『回想録（*Gedanken und Erinnerungen*）』（1898-1919年）がある．

力が衰退すると，国際システムにおける「威信階層の再編」や「縄張りの再配分」を求めて「挑戦国」が台頭することになる。これに対して覇権国も，システムの統御とシステム内の力の分布が乖理し始めると，従来以上に優越を維持するための資源を調達し，コストを軽減し始めて対抗することになる。前者は，技術革新や増税によって，後者は，より地理的に拡張して戦略的に安価に防衛ができる拠点を押さえるなり，対外的コミットメントを減ずるなどの行動である。そして，こうした段階を越えると，遂には**ヘゲモニー戦争**（📖7）に突入してしまうのである。

ところで，これらの理論が現状の国際政治をどのように見ているのかといえば，現在がアメリカの覇権の後退期であるという点で共通の認識である。そして，将来においては，覇権の後退期にあって動揺する国際秩序を維持するために，先進諸国による国際協調活動を通じて平和の実現を目指す必要があるといったインプリケーションを有している。こうした現実主義論の規範的意義については，これから制度主義論や構造主義論に属する理論を検討していくにつれて，重要な意味をもってくるので念頭に置いておく必要があろう。

（2）リベラリズム（制度主義論）

国際統合論

制度主義論の最初に取り上げる理論は，**国際統合論**と呼ばれるものである。ところで，国際統合論も後に論じる相互依存論も，制度主義論という一つのカテゴリーの中に入れることができるし，また，前者を狭義の「制度主義（リベラリズム）」，そして，こうした理論が進化した形態をもつ後者の理論を**「新制度主義（ネオ・リベラリズム）」**と呼ぶことも可能なわけである。なぜ「制度」という概念が冠に付けられているのかといえば，この種の議論においては，国際組織や国際法などの国際社会における制度的要素が重視されているからである（📖8）。

さて，国際統合論の論理的な核心は，以下のような論理である。それは，地域主義的な規模の国際関係における経済的および社会的な交流の増大とこれを統括する国際組織の機能的活動によって，その統合が拡大・深化し，やがて国

📖：用語解説

7 ヘゲモニー戦争

現代世界においては，ヘゲモニー戦争が覇権国とライバル国との直接対決（1対1の決闘型式）で行われる可能性は薄い．それが他の諸国を巻き込んだ大戦争となるであろうことは，20世紀の二度の大戦を想起すれば想像に難くはない．また，それは親分同士の対戦としての戦争対決よりは，子分同士の代理戦争という形を取る可能性が大きいのである．

8 協調する論理としての制度主義

制度主義論に属する理論は，ここで取り上げる国際統合論も，また，後に取り上げる相互依存論やレジーム論も，いずれも国際政治の行為主体として，国家とともに国際組織などの非国家的行為主体の活動や影響力を重視している．そして，それら各種の行為主体の行動の中で，特に，経済的もしくは社会的な活動が果たす影響に着目して，その論理を展開している．換言すれば，制度主義論は，先に指摘したように，国際政治の三つの側面の中で，特に，国家と国家が協調したり協力したりする側面を基本的な題材としている理論なのである．

境を越えた国際的な連邦政府の実現へとすすむというものである（📖9）。このような論理は，当初，ヨーロッパ地域におけるEU統合の推進を契機とする認識にはじまり，いわゆるEU研究，第二次世界大戦後に数多く勃興したEFTA，SEATO，ASEANなどの地域統合や経済統合の動向を説明する枠組として発達したものである。その精神は持続的に継承され，現代の国際政治学の中にあっても，ハース，ヤング（Young, O. R.），**ドイッチュ**（☺⑭▶p. 123）などの手によって科学的に定式化され，現代の制度主義論の重要な一方の旗手となっている。やはり現実主義論の勢力均衡論と同様にして，第二次世界大戦後から，だいたい1960年代くらいの時期までは，国際政治学における学術業績の動向は，勢力均衡論の枠組に対抗する国際統合論という二大対立の図式で彩られていたといえよう。

さて，たとえば，**ハース**（Hass, E. B.）に代表される新機能主義的な国際統合理論には，いくつかの基本的な国際政治に関する認識がある。それは，第一に，国家間の相互交流の活発化や共通利益の増進を通じて国際平和を実現しようという「融合的アプローチ」であり，これは「積極的平和戦略」と呼ばれている。第二に，国家間関係の基本的なあり方を，各国家が様々な活動の次元において緊密な相互依存関係によって結び付けられているものとして考える「クモの巣的世界観」であり，これは「水平的結合戦略」と呼ばれている。第三に，それらの活動における連携に関しては，非政治的および非論争的な問題領域に関する事項を優先し，国家の主権と直接的に関与する部分を迂回することが強調されており，これは「迂回戦略」と呼ばれているものである。そして，特にこの第三の認識は，以下の四つの諸前提に立脚しているものである。それは，第一に，政治的活動領域と非政治的活動領域とを区別するということ（争点の階層原理の存在），第二に，非政治的活動領域のあり方が国家間関係の方向性を基礎付けるということ（**下部構造決定論**）（📖10），第三に，非政治的活動領域における国家間協力が自動的に他の隣接領域へと拡大し，そのような国家の学習能力が存在するということ（スピルオーバー仮説），第四に，人間を集団の形成活動へ導く直接的な契機はそれ自身の欲求の充足であり，国際組織が国家に代わってそれを供給するようになれば，人間の**忠誠心**（📖11）は偏狭

📖：用語解説

9 インテグレーション（統合）とコントロール（統制）

統合という概念は，一般に，統一や統制と同様の用い方をされているが，異なる立場や意見を否定するよりはむしろそれらの事情を前提として認めた上で統一や統制をはかろうと努力するところに真の意義が見出されるといえよう．たとえば，国際関係における国家間の国際協調・国際協力などは，一方が他方を抑圧するような形式では成り立たず，双方の民族，文化，地理，歴史などの相違を尊重しあった上で成り立つものというわけである．ヨーロッパのEU統合はその本来の意味を表現したものであり，その統合を土台として「連合」への道を歩むというところに意義を感ずることができよう．

10 下部構造決定論

この考え方は，社会主義をめぐる議論においても登場した概念である．そこでは，政治や軍事，文化，宗教などの上部構造がいかなる状況となるかが，経済，社会などの下部構造の状況によって決定されるというものであった．たとえば，ある国の政治体制のあり方が，当該国の経済発展段階がどのレベルにあるのかという要素によって決定されるというわけである．ここで取り上げる国際統合理論においては，こうした考え方が援用されており，いわゆる政治的領域の状況が非政治的領域の要素によって決定されるという論理構成がみられる．たとえば，ある国と他の国が政治的に友好関係にあるか否かが，当該諸国の経済関係がどれだけ緊密であるか否かによって決定されるというようなものである．

11 忠誠心の落とし穴

心理学的に考察すれば，人間の忠誠心とは，自己の欲求実現や利益獲得の可能性に比例して増大するものであると考えられる．自分の会社に不満をもっているビジネスマンが，自分がやりたい仕事を提供してくれたり，能力や努力に見合った報酬を供与してくれる会社を探して転職を希望するのは当然の心理である．その意味で，現代の人間が国家に忠誠心をもつ背景には，それが自由な社会活動や安全な生活を保障してくれる可能性をもつ枠組だからといえよう．したがって，そのような欲求を国家以外の社会組織，たとえば労働組合，企業，学校，国際組織などが提供してくれるようになれば，忠誠心の対象がそれらの別の組織へ移行していく可能性もあろう．換言すれば，忠誠心などというものは，固定化されてない流動的な心理現象なのである．

なナショナリズムから解放され，国際主義的な意識に変わるという論理である(ロイヤリティ仮説)。そして，このような基本的な認識の上に，いわゆる機能主義的な国際統合理論が展開されたのである。

さて，国際統合理論の中心におかれているのは，機能的地域的国際組織の存在であり，これは特に経済的領域における国家間協力を促進する組織を意味している。次に，こうした組織と各国のエリート的専門家集団との緊密な関係である。すなわち，基本的に非ゼロ・サム・ゲーム的な国際政治の中にあって，異なる国家に所属しているナショナル・テクノクラートたちが，種々のニーズを充足するために，こうした機能的組織を媒介として協力関係を促進するという図式が描かれているのである。換言すれば，機能的協力のネット・ワークによって，各国のエリートが一体化していくわけである。

このような議論の中で重要なことは，こうした国際政治に関する図式の中で登場する**「波及効果（スピルオーバー）」**という論理である。これは，限定的な領域における国際組織を通じた機能的協力が，他の領域へと拡大していくというものである。そして，こうした「協力の波及」を促進する要因としては，機能的協力活動それ自体にその対象範囲を拡大していく論理が内在しているということや，一つの領域における成功が他の分野におけるより多くのニーズの充足や価値の獲得を期待させるという人間のもつ「経験的学習効果」などが挙げられている。さらに，このような効果の帰結として，政策決定単位や機能的協力の主体である各国エリートの忠誠心や期待感が，政府に代表される国民国家からそうした国際組織へと移行していくと見られている。そして，エリート・レベルにおけるこうした一体化の進展は，同様にして一般大衆レベルにおけるそれを導出するというのである。結局，究極的には，あらゆる領域における国際協力を促進する国際組織を中核とした政治共同体が各地域に連立し，それが世界連邦政府設立の布石となるという論理である。

しかしながら，このような国際統合論の論理は，現実の国際政治の要素から，少なからず理論としての限界を露呈することになる。その問題点とは，以下のようなものである。つまり，国際統合論の論理でいえば，いわゆる地域統合の過程における経済的社会的交流の増大は，段階的に軍事的政治的レベルの協調

☺：人物紹介

⑭**ドイッチュ，カール・ヴォルフガング**（Deutsch, Karl Wolfgang：1912-1992年）
プラハ（チェコ）生まれのアメリカの政治学者．ハーバード大学教授．ナショナリズム論，コミュニケーション論，国際統合論などの広範囲にわたる業績を展開し，数量分析，情報科学，サイバネティックスなどの新しい分析手法を取り入れた科学主義の泰斗として君臨した．主著に，『ナショナリズムと社会的コミュニケーション（*Nationalism and Social Communication*）』（1953年），『政府の中枢（*The Nerves of Government*）』（1963年）などがある．日本では国際政治学者としての業績が有名であるが，彼の政治学の業績においてもその基本的な思考枠組は同様である．

へと浸透することになるのだが，それは現実の事例ではほとんど見ることができなかった。それどころか，実際問題として，1970年代に入るまでに，この理論の事例的裏づけであるEU統合の進展が米ソ冷戦の激化という国際社会全体の潮流の中にあって停滞してしまうのである（📖⑫）。したがって，国際統合論は，こうした新しい現実の現象からくる新しい認識に基づいた要請に対応するために，その論理を根底から立て直さなければならない必要に迫られることになった。ここに，国際統合論は，制度主義論の主役の座を退き，代わって，以下に紹介する相互依存論やレジーム論がこれに座ることになるのである（📖⑬）。

相互依存論

相互依存論は，**コヘイン**（Keohane, R. O.）や**ナイ**（Nye, J. S.）などによって唱えられた理論であり，その論理的な核心は，以下のようなものである。すなわち，国際関係は福祉の増大とニーズの充足を目指した国境を越える国際交流の配置関係によって動態するものであり，特に，経済的社会的な国際交流の増大によって地域的な制約や国力の格差などの制限要因に関係なく，国際協力の増大と国際機構の強化を通じて秩序付けられるというものである。一見して，その論理の源流が国際統合論にあることを示唆する内容であろう。特に，経済的もしくは社会的な国際交流活動の増大が，国際関係の動態における重要な意義付けをされている点や，国際協調の実現における国際組織の役割を重視している点などである。また，重要なポイントとして，現代の国際関係において，政治的または軍事的な問題領域と並んで経済的もしくは社会的な問題領域の重要度が高まっていることや，したがって，政治の手段としての軍事力の重要度が相対的になってきたということ，さらに，国際活動の外交チャネルが国家だけではなくなってきているという認識があることである。

それでは，相互依存論の論理の中で，国際統合論から進化した部分，すなわち，国際統合論と相違する部分とは何であろうか。その最大のものは，ここに「地域」もしくは**「地域主義」**という概念に関する発想や前提が設定されていないことである。また，同時に，国境を越えた国際交流という要素は存在するが，国境を排除するという要素が欠落していることである。こうして考えてい

📖：**用語解説**

⑫ EU 統合の停滞

1970年代は，イギリス加盟の是非をめぐる問題を中核として，EU 多難の時代であった．すなわち，EU 結成の背景には，その目的意識として，米ソ両超大国に挟まれたヨーロッパ地域の自律性の確保という命題が存在していた．したがって，当時のフランス大統領であったド・ゴールをはじめとして，ヨーロッパ諸国の中で飛び抜けてアメリカとの関係が深いイギリスが加盟することによって，EU 自体がアメリカの従属組織になる可能性が懸念されたのである．しかし，一方では，EU がヨーロッパ諸国の地域主義を体現する国際統合である以上，イギリスの加盟は必然的な意義をもっていたのであり，ここに冷戦体制下の EU が抱える根本的な課題が生起することとなった．しかし冷戦が終わった最近では，EU にとどまることに利益を見出せないイギリスは初めての脱退国となった．

⑬国際統合と国際的相互依存

この両者を分ける究極的な基準の一つは，地域主義という概念が当てはまるか否かにある．国際統合が，地理的により近接した諸国家の連合体としてのいわゆるボーダーレスな地域主義の実現を目的としたものであるのに対して，相互依存は，そうした地理的制約にとらわれることなく，より全体的かつ包括的な国際関係を前提として認識している概念であるといえよう．なお，一般に，相互依存という場合には，ここで指摘したａ．構造的相互依存の他に，ｂ．政策目標の相互依存，ｃ．政策手段の相互依存などの種類がある．

けば，相互依存論は，第一に，それがある特定の地域主義的な規模の議論ではなく，いわゆる国際社会全体を考察の範囲として設定しているという点，また，第二には，国境を排除した世界連邦という発想ではなく，あくまでも国家間関係というものを念頭に置いた議論であるという点で，国際統合論から論理的に進化した理論であると考えられるのである。

さらに，こうした相互依存論の論理を土台として，**コヘインやクラズナー**（Krasner, D. D.）は，国際交流活動を管轄する制度的枠組としての**「レジーム」**という概念を創造し，この国家間関係を規定するそれぞれの問題領域に関する手続きやルールのセットとしてのレジームを整備することが，国際秩序を安定的に維持するために重要な意義をもつ活動であると論じている。

ところで，レジームという概念に関する内容はそれぞれの論者によって異なるが，共通なことは，必ず「相互依存の管理」という目的のためのものであると論じられていることに他ならない。たとえば，コヘインとナイの議論においては，国際システムの力の構造とその内部で生じる政治的および経済的取引の媒介要因として国家間の相互関係を規定するもの，すなわち，相互依存をコントロールするものとして国際レジームという概念を想定しており，こうしたレジームの下に，国家をはじめとする様々な行為主体が存在し，紛争の統制や協調の維持といった国際政治の動態が行われるわけである。特に，コヘインは，国際政治における覇権国の衰退という現象にも着目し，国際交流における需要の変化に対応しつつ，覇権国に代わって**国際公共財**（📖⑭）の効果的な供給を行う存在としてもレジームを位置付けている。また，ヤングは，ある一定の活動に利害をもっている国家などの主体の行為を統制する「社会制度」としてレジームを定義し，そうした行為主体間の相互関係を調整する機能をもつ組織や制度としてこれを位置付けている（📖⑮）。

ところで，こうした相互依存論の考え方からいえば，現状の国際政治の状況はどのようなものとして投影されるのであろうか。それは，軍事的政治的争点とともに，いわゆるグローバルな規模における経済的社会的争点の重要度が高まっている今日，国際社会を構成する各国家は，各種レベルの国際組織と協力して，国際秩序を維持するために努力をする必要があるというわけである。こ

📖：用語解説

⑭国際公共財

一般に，経済学でいう公共財とは，あらゆる人々の同時的な利用可能性が保証されており（非競合性原則），また，特定の人々の利用可能性を剝奪することができない（非排除性原則）ような市場システムならぬ政府や地方公共団体によって提供される財を指しており，灯台の明かりや国防，警察力などを事例としている．したがって，国際公共財とは，たとえば安定的な国際秩序や世界経済体制，または公海や大気のように，世界中の国々がその恩恵に浴することができる，すなわち国際的非競合性原則と同時に，特定の国をその恩恵から排除できない，すなわち国際的非排除性原則といった性質を有する財やサービスのことをいい，国際社会ではこれを実在しない世界政府に代わる覇権国が供給することになる．しかし，覇権国のみに費用負担をさせず，これを各国の共同負担という形式で供給される財としてとらえるならば，そこには必然的にフリーライダーの問題が生ずるであろう．

⑮国際的多元主義としてのレジーム論

国際社会における国家の役割とともに，国際組織や多国籍企業の活動や国際法の機能などを重んじるレジーム論は，国際関係における最重要主体としての国家の存在意義を相対化するという論理を内包しており，これは一種の多元主義的な認識視角，すなわち国際的多元主義といえよう．

うしたインプリケーションは，実は現実主義論のそれとほぼ同様のものであり，いわゆる先進諸国の国際協調による国際秩序という政策論的意義をもっているといえよう。制度主義論は，もともと現実主義論に対抗する理論として進化してきたものであるのだが，その結論において現実主義論と同様の見解に到達するとは，ある種の論理的な皮肉といわざるをえない。

(3) ストラクチュアリズム（構造主義論）

従属論

構造主義論の最初に取り上げる理論は，**従属論**と呼ばれるものである。ところで，従属論も後に論ずる**世界システム論**も，構造主義論という一つのカテゴリーの中に入れることができるし，また，前者を狭義の「構造主義（ストラクチュアリズム）」，そして，こうした理論が進化した形態をもつ後者の理論を「**新構造主義（ネオ・ストラクチュアリズム）**」と呼ぶことも可能なわけである。両者とも，国際システムの構造的要素をその動態を規定する最も重要な要因として認識しているからである（📖⑯）。なお，新構造主義の主たる理論である従属論や世界システム論は，多分にマルクス主義の論理から影響を受けているため，これを「新マルクス主義（ネオ・マルキシズム）」と呼ぶ場合もある。

ところで，従属論の論理的な核心は，以下のような論理である。それは，国際関係の現実は，発展した中心国による低開発の周辺国に対する搾取によって特徴付けられ，こうした構造の固定化により，先進国はますます繁栄し，後進国はいつまでも発展できないというものであり，いわば「国際版マルクス主義」とでも呼ぶべき考え方である。このような論理は，いわゆる南北問題の興隆を契機とした1960年代の前後において，国際政治学の分野における現実主義論や制度主義論に加えた「第三の波」として登場したものである。今日の国際政治学の中にあっても，フランク（Frank, A. G.）やカルドーゾ（Gardoso, F. H.）などの手によって科学的に定式化され，現代的な構造主義論のいわば源流となっている。したがって，およそ1960年代以降の国際政治学は，以上に見てきたような現実主義論，制度主義論，そしてこの構造主義論という三者鼎立の構図を踏まえて，今日に至っているのである。すなわち，現代国際政治理論におけ

📖：用語解説

⑯環境的論理としての構造主義

構造主義論に属する理論は，ここで取り上げる従属論も，また，後に取り上げる世界システム論も，いずれも国際政治の行為主体として，国家や国際組織といった枠組に加えて，国際社会全体の中における階級，集団，個人といった概念にも着目する．また，同時に，強力な国力をもった中心国と弱体の国力をしか有しない周辺国との相互関係といった独自の視点を設定している．そして，それらの行為主体の活動の中で，特に，政治経済的な諸活動が果たす影響に着目して，その論理を展開している．換言すれば，制度主義論は，先に指摘したように，国際政治の三つの側面の中で，特に，国家やその他の行為主体の行動を規定する要因としての国際関係全体の構造的要素という側面を基本的な題材としている理論なのである．

る新現実主義，新制度主義，新構造主義の鼎立という構図がそれである。

さて，従属論が，本来，ラテンアメリカ地域研究の理論的な帰結として提示されたものであることは有名である（📖17）。そうした研究に従事する学者の一人であった**フランク**は，ブラジルやチリの低開発の歴史を叙述するうちに，南米地域が，16世紀における征服時代以来の世界資本主義の「搾取構造」の中に，先進「メトロポリス」に対する「サテライト」として組み込まれてしまい，経済余剰を恒常的に搾取され続ける運命になってしまったと指摘した。すなわち，このような経済余剰を搾取して発展し続けるメトロポリスと，搾取され続けて低開発を深化していくサテライトは，世界資本主義の拡大という同じプロセスの中から生産される構造というわけである。

このように考えれば，ラテンアメリカ地域のいずれの国家も，その政治経済的状態は世界資本主義体制への「組み込まれ方」によって規定され，メトロポリスという「外的要素」によって左右されるのである。また，当該国家の国内構造も，同様にして「中核～衛星」の構造によって規定される。というのは，先進メトロポリスの搾取によって失われた利益を取り戻すため，国内の「中核」である支配層は，同じ国内の「衛星」である社会的下層階級や農民から搾取を行うからである。これによってラテンアメリカ地域の国家は，地域全体としての低開発と同時に，各国内部における貧富の格差の拡大という多重的な低開発の再生産を行うことになるわけである。特に，留意すべきことは，メトロポリスからの大量の公共および民間資本の進出によって自らの利益を拡大することができるサテライトの支配的ブルジョワ階級が，社会において決定的に重要な役割を担うことに他ならない。

以上のような議論を展開するフランクは，ラテンアメリカ発展のための唯一の戦略として，「武装闘争」による資本主義の打倒と社会主義国家の建設を説いた。なぜならば，これらの地域における一次産品輸出の拡大や輸入代替工業化などの経済政策はことごとく失敗しており，メトロポリスからの「浸透」は，歴史的変遷を経て第一次産業への投資および消費財輸出から第二次産業へのそれに転換しただけに過ぎず，搾取の構造は消失するどころか強化される一方であったからである。結局，かつての帝国主義政策時代の主役であった「金融資

📖：用語解説

⑰ナショナリズムとしての従属論

世に従属論を問うたフランク，ペンカベル，カルドーゾなどの論者たちは，いずれも自分の祖国の現状，すなわち低開発を憂うる心情から，そうした状況を脱却させる政策論としての目的意識をもって議論を展開したといえる．その意味で，従属論は，低開発諸国から発せられた開発実現へ向けたナショナリズムの叫びであったといえよう．

⑱帝国主義の先兵としての多国籍企業と軍産複合体

従属論によれば，かつては帝国主義国家という公的な組織が果たしてきた植民地主義や侵略主義の活動を，現代では多国籍企業という民間の組織が代行しているという．特にアメリカのような巨大国家においては，暴力組織としての軍隊と経済組織としての企業が利益を共有し，その活動が相互補完的に遂行されているとの疑惑を抱いているからである．なお，現代政治学においては，これを軍産複合体と呼んでいる．

本」が，最近の「多国籍企業」に姿を変えただけだというわけである（📖⑱）。

しかしながら，このような従属論の論理も，他の理論のご多分に漏れず，やはり現実の国際政治の要素から，少なからず理論としての限界を露呈することになるのである。その問題点とは，以下のようなものであった。つまり，従属論の論理でいえば，中心国から周辺国に対する搾取の構造が固定化されている以上，周辺国はいかなる自助努力をもってしても特に経済的発展することは不可能であり，したがって，周辺国が発展するためには，こうした国際社会全体の構造を根底から変革する（世界革命？）ことが必要であるという論理が導出されるのである。国連総会における第三世界諸国の多数決パワーによって採択された**NIEO（新国際経済秩序樹立宣言）**（📖⑲）などの思想的背景には，こうした認識があったのである。しかしながら，1970年代に入ってから，アジアNIESなどに代表されるいわゆる「新興工業諸国」というものが登場し，こうした現実の事象がいわば「従属の中での発展」が可能であることを実証してしまったのである。こうした事情によって，従属論は，自己の論理を補強する必要に迫られることになったというわけである。特に，従属論の論理的弱点として強く認識されたことは，旧宗主国と旧植民地国という二国間関係の思考の視野から脱皮して，より明確にかつ普遍的に国際社会全体を視野に取り込む姿勢の必要性であった。ここに，従属論は，構造主義論の主役の座を退き，代わって，以下に紹介する世界システム論がその座にすわることになるのである。

世界システム論

国際政治学にとどまらず，歴史社会学や社会思想史の分野などの業績においても有名な**ウォーラースタイン**（☺⑮⑯▶ p. 135）や，その弟子のチェイス＝ダン（Chase-Dunn, C.）らによって唱えられた**世界体系論（世界システム論）**は，以下のような核心的な論理を有する理論である（📖⑳）。それは，国際関係は，**中心＝準周辺＝周辺**という三層構造によって構成されており，諸国家は時間の推移とともにこれらの各層を周流しつつ，資本主義的生産様式の各段階を経て歴史を形成していくというものである。やはり一見して，その論理の源流が従属論にあることを示唆する内容であろう。特に，国際社会が強国と弱小

📖：用語解説

⑲新国際経済秩序樹立宣言（NIEO）

第二次世界大戦後，特に1960年代頃から，かつては植民地であったアジア，アフリカ諸国の多くが独立し，国連のメンバーとして圧倒的な数の力を背景に活躍するようになった．1974年，これらの諸国が結束し，現状の国際経済秩序は自分たちに不利な構造を有する不平等な体制であり，このような過去の不条理な遺産を根底的に破壊し，新たに平等な論理を有する国際経済秩序を樹立しようという宣言が採択された．この行動が，国際政治学における構造主義理論の実証的基礎を提供することになったわけである．

⑳世界システム論の論理構造に関する概念図

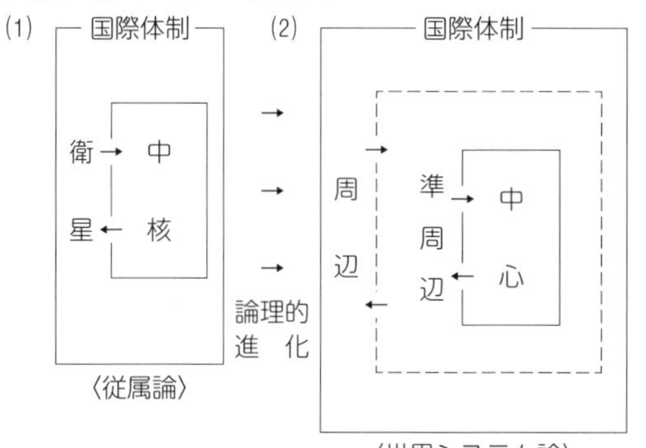

上の両図において，まず(1)は〈従属論〉の考え方であり，国際関係は富める国々たる少数の「中核（メトロポリス）」によって搾取される運命にある貧しき国々たる多数の「衛星（サテライト）」との支配＝従属の二層構造によって規定されているという論理である．ここではこうした体制が構造化されており，「衛星」の国々はいくら自助努力を遂行しても「中核」にはキャッチ・アップできないというものであった．しかし，アジアNIESなどの登場によっていわゆる「従属の中での発展」が可能である実例が見られるようになり，「従属論は完全に過去のものとなった」（渡辺利夫「国際開発学会ニュースレター」第7巻1号，1996年5月，1頁）．このような現実認識に基づき，「周辺」の中でもある程度の発展を実現した国々の集団としての「準周辺」という概念を設定し，こうした世界体系の三層構造自体は恒常的ではあるが，各国家は自己の発展の程度によってこの各層を「周流」するという論理を打ち立てたのが(2)の〈世界システム論〉の考え方である．

国との間の支配＝被支配の対抗関係によって形作られていると認識している点や，資本主義的生産様式の発展というマルクス経済学的なツールを活用している点などである（📖21）。したがって，新構造主義の主たる理論である従属論や世界システム論は，多分にマルクス主義の論理から影響を受けているため，これを「新マルクス主義（ネオ・マルキシズム）」と呼ぶ場合もある。

それでは，世界体系論の論理の中で，従属論から進化した部分，すなわち，従属論と相違する部分とは何であろうか。その最大のものは，ここに新しく「準周辺」という概念に関する発想や前提が設定されたことである。また，同時に，従属論のように旧宗主国と旧植民地との二国間関係を強く念頭に置いた論理にとどまらず，そこに世界体系全体の規模における資本主義的生産様式の発展という時間的かつ空間的に非常に大きな視野を設定していることである。

こうして考えていけば，世界体系論は，第一に，それがある特定の国家間関係の規模の議論ではなく，いわゆる国際社会全体を考察の範囲として設定しているという点，また，第二には，特にアジア NIES などの現実事象を考慮した上で，**「従属の中での発展」**が可能であるという事実を念頭に置いた議論であるという点で，従属論から論理的に進化した理論であると考えられるのである。

たとえば，ウォーラースタインは，世界システムはだいたい16世紀頃に成立したものであり，それは「世界経済」と「国際政治（主権国家間関係）」により構成され，資本主義という一元的な国際分業の原理をもっていると考える。この資本主義は，利潤極大化目的をもつ市場志向型生産体制であり，一方では，国内的な階級分化と階級関係を生み出し，他方では，国際的な「中心＝準周辺＝周辺」の三層体系を生み出した。長期的に見れば，国家はこの三層体系の中を「周流」し，中心国間の競争と覇権争いも激しく行われているが，資本主義の原理に由来する三層体系自体は不変であり，中心に搾取されて貧困に喘ぐ周辺が常に存在するというわけである。世界体系は，このような構造を維持しながら拡大と停滞を繰り返しつつ発展しており，国際システムにおける中心国間の競争と経済の長期サイクルとが綿密な関係にあるのである。重要なことは，世界体系システムの特徴を，このように「単一の経済体制」と「複数の政治体制」から成ると考えている発想である。

📖：用語解説

21 覇権論と世界システム論

覇権論は，比較的強い国力を有する国々の間でおこなわれる競争にうち勝った覇権国が国際社会を統括するという理論であり，これに対して世界体系論は，中心＝準周辺＝周辺の三層構造の中を諸国家が周流することによって国際秩序が構造的に維持されるという理論である．しかしながら，覇権論でいう強国間の競争という概念は世界体系論でいう中心国間の競争という概念と大差がないものである．その意味で，双方の理論には核心的な部分で共有する論理が存在しているといえよう．

☺：人物紹介

⑮ウォーラースタイン，イマニュエル・モーリス（Wallerstein, Immanuel Maurice：1930-2019年）

アメリカの社会学者・歴史学者．ニューヨーク市立大学教授アフリカの地域研究から出発し，現代の国際システムを中心＝準周辺＝周辺の三層構造から成る支配＝従属の搾取関係としてとらえる世界システム論を提唱したことで有名．主著に，『資本主義世界経済（*The Capitalist World Economy*）』（1979年）などがある

⑯ガルトゥング，ヨハン（Galtung, Johan：1930年-）

ノルウェーの数学者・社会学者．オスロ大学教授．現代国際政治学における平和研究の発展に多大の貢献をした．主著に，『平和・戦争，防衛（*Peace. War and Defense*）』（1976年）がある．

また，彼は，資本主義の成立期を15世紀中葉から17世紀中葉の約200年間とし，当時の欧州や西半球全体を一つのセットとした地域が時間の経過とともに地理的に拡大し，現在の世界経済が出来上がったと考えている。この過程，つまり，歴史的・生態学的・地理的な偶然において各地に別々の産業や社会グループが誕生・発達し，生産物の交換が増大しつつ国家間の「力の格差」ができてしまったのである。これによって，強い国家は自国民の利潤を極大化するために市場に介入し，弱い国家は「不等価交換」を強いられることになり，経済余剰の不平等配分構造としての三層体系が成立したわけである。特に，「準周辺」の機能に関する議論は興味深いものがあり，その機能として，第一に，「政治的機能——中央に対する被搾取者および周辺に対する搾取者（反乱防波堤）」，第二に「経済的機能——中央で時代遅れになった産業の受け皿」という二つが指摘されている（📖22）。

ところで，こうした世界システム論の考え方からいえば，現在の国際政治の状況はどのようなものとして投影されるのであろうか。それは，現代は，中心の中心国たるアメリカという覇権国が衰退している時期であり，本来ならば現状の国際構造を打破するための国際社会主義革命の絶好のチャンス到来の時代なのであるが，それが現実的な方策ではない以上は，やはり中心国の共同運営という形式で国際秩序を維持することが必要であるということになろう。

こうしたインプリケーションは，実は不思議なことに，現実主義論や制度主義論のそれとやはり同様のものであり，いわゆる先進諸国の国際協調による国際秩序という政策論的意義をもっているのである。構造主義論は，制度主義論と同様に強国の力の論理を体現する現実主義論に対抗する理論として，また，同時に，対称的な国際関係の論理を体現するその制度主義論にも対抗する非対称的国際関係の理論として進化してきたものであるのだが，その結論において，それらの理論と同様の見解に到達するとは，これもある種の論理的な皮肉というべきであろう。なお，新構造主義の理論は，時間的および空間的に非常に大きな視点を有する枠組であり，特に，新現実主義の理論以上に誠に広い範囲を考察する理論であるため，いわば「超マクロ理論」と呼んでも差し支えないであろうことも明記しておきたい（📖23 ▶ p. 139）。

📖：用語解説

㉒トレンド・サイクル・ステージ

このような世界システムにおける変動のメカニズムとしては，以下の三つの概念が提示されている．第一に「トレンド」であり，これは漸近線に向かっての運動であり，資本主義経済が自己の「内部矛盾」によって，それ以上拡大と深化を続けられない限界へ向けて動かざるを得ない長期的傾向である．その内容は，ａ．世界経済の拡大と深化（地理的拡大と新しい生産物や生産工程の開発），ｂ．プロレタリア化（利潤率の低下現象），ｃ．被搾取者の政治化（反体制グループの成長），ｄ．テクノクラート化（支配階級内部における資本家とテクノクラートの所得再分配）という四つの要因から成り，究極的には，資本主義世界は限界に達し，被搾取者の革命と社会主義世界政府の登場を期待するのである．第二に「サイクル」である．そして，その源動力として，ａ．単一経済と複数政体の矛盾，ｂ．需給関係の矛盾（世界政府の不在がゆえに，生産は個別の資本家によって無計画に進められ，需要は各国家レベルでの階級闘争と政治的妥協によって集団的に決定する），ｃ．資本と労働の矛盾（労働者は「生産要素」でもあり，「市場」でもある）という三つを挙げている．さらに，第三は「ステージ」であり，これは資本主義の発展に伴う各々の段階である．より具体的には，第一期は世界経済成立（農業資本主義）の時代（15世紀中葉～17世紀初頭），第二期は世界経済充実（重商主義）の時代（17世紀初頭～18世紀中葉），第三期は世界経済の地球的規模への拡大（産業資本主義）の時代（18世紀中葉～20世紀初頭），第四期は産業資本主義充実（20世紀初頭以後～今日）時代という時期区分になるのである．

2　外交政策論

[要点]　本節では，国際政治学の理論の中で国家の外交政策の動向に着目したミクロ国際政治理論を紹介する。これは，前節で述べた国際体制論と異なり国際政治現象をより小さい視野から把握することを心がける立場の理論である。したがって，その分析対象は，アメリカという国の外交政策の特質の研究であるとか，今後の日韓関係の推移であるとか，いわゆる特定の国家や国際組織の行動にその視点を絞り込んでそれらの主体の行動の総合的な蓄積として国際政治現象を捉えようとする理論である。

(1) 国家間政治論

さて，国際政治の三つの側面が，政治的動物としての人間がもっている政治行動の性質における三つの側面が投影されたものであるならば，このミクロ国際政治理論とマクロ国際政治理論には，同様にして三つの種類が存在するはずである。また，同時に，両者は分析対象という面でも論理内容という面でも相互に連携しているはずであろう。では，その三つの種類とは，いかなる理論であろうか。

第一は，国際政治現象を形成する最も重要な要素として，各国家が遂行する対外政策というもの（📖24）に着目し，いかなる客観的条件によってそれらの政策が出力として国家の外側に出てきたのかを論ずる国家間政治論である。第二は，それらの対外政策が，こちらは国家内部のいかなる政治過程を経て出てきたのかということに着目した理論である国家体系論である。さらに，第三には，そうした対外政策を立案したり遂行したりする当事者である政策決定者個人の内面的要素に着目して議論を展開する**政策決定者論**である。そして，これら三つの理論が，先の国際体制論の三つの理論にそれぞれ対応しているというわけである（📖25▶ p. 141）。

なお，すでに指摘したように，国際社会を構成するそれぞれの国家の政治的活動は，国際体制論が取り扱うような国際社会全体の規模において生起する国際政治現象の動向によって規定され，支配されている。したがって，こうした

📖：用語解説

㉓国際体制論の論理における認識・規範・政策

論理的意義	新現実主義	新制度主義	新構造主義
認　識	国家中心的思考及び軍事的政治的争点の重視	複合的相互依存と経済的要因の重視	資本主義的生産様式に由来する支配と従属の搾取関係
規　範	覇権国の存在	国際レジームの制度化	社会主義的世界政府の成立
政　策	大国間の国際協調	国際交流の進展と国際協調	中心国間の国際協調

国際体制論（マクロ国際政治理論）の諸説は，いずれも「どうしたら国際社会における秩序を構築・維持できるか」という問題意識を内包しており，その論理内容にこうした課題への回答を含意している．ここで「認識」とは「国際政治とはどのようなものか（現状）」という視角であり，また「規範」とは「国際政治の本来あるべき姿とはなにか（理想）」という視角であり，さらに「政策」とは「認識＝現状を規範＝理想に近づけるためにはどうしたらよいか（対策）」という視角である．たとえば現実主義論においては，実際の国際政治を，国家を中心とする各主体が軍事的政治的争点の領域において活動する状況として把握し（認識），覇権国が強力な国力によって世界を抑え付けている状況が国際政治の秩序ある状態と考え（規範），それを実現するための現状の方策としては，アメリカの力の衰退という状況に鑑みて，これに代わる先進諸国の協調による国際秩序の実現という対策を考え出す（政策）というわけである（以下，新制度主義，新構造主義の場合も表の見方は同様）．

㉔対外政策と外交政策

両者はいずれも，ある国家が他国に対して遂行する政策を意味する概念であり，その用法についても特に大きな差異は見られないが，対外政策が国家の外に対して出される政策それ自体を意味するのに対して，外交政策はそれが生み出される国家の内部過程をも包合した意味で用いられる傾向があるようである．その意味では，本来は，対外政策よりも外交政策の方が正確な概念であろう．しかし，ある国家が自国内に対して施行する政策を対内政策と呼ぶならば，それに対比する用語としては対外政策の方が妥当性を有するともいえよう．

「支配の論理」の下で，いかなる行動を選択するのかを論ずるパラダイムとしての対外政策論は，いわば「被支配の論理」を扱う議論として位置付けることができるのである。

ところで，外交政策という研究領域の主題は，当該国家の政策決定に関して公式および非公式に影響を及ぼす個人や集団を構成員とする「システム」が，いかにして行動としての政策を実施するに至るのかを解明することにある。その際に，個人や組織の内部の過程を重視せず，それに対する入力と出力の関係を一定の約束に基づいて定式化しようとするのが国家間政治論である。かつて外交政策論における支配的な考え方であったこうした議論によれば，一国の対外政策は，主として外的環境（対外要因）という変数によって説明され，政策の失敗原因は，その錯乱要因である政策決定者の無能や判断の誤り，または，官僚機構の非合理性，世論の圧力などの内部過程（国内要因）に求められていた。したがって，当該国家の外的環境の測定が正確に成されれば，当然，その対外政策をも説明したり予測したりできると考えられたのである。

本節では，以下，このような前提に基づく諸理論を，前理論的モデルとコミュニケーション・モデルの二つに分類し，各々検討していくことにする。なお，ここで「モデル」というものは，「理論」ほどには厳密な論理的土台をもつ考察の枠組ではないが，「仮説」と呼ぶよりももう少し限定的ではなく，適用の一般性と論理的な精緻性を有するものである。

前理論的モデル

このモデルの特徴は，対外政策を従属変数とし，それに影響を与えると考えられる説明変数（特に，国際的レベルの環境要因）を列挙し，各々を個別に検討するという点にある。したがって，いうまでもなく，決定過程の動態自体を分析する枠組としては大きな限界がある。それぞれの研究者たちは，諸要因のダイヤグラム設定の方法に微妙な相違を見せてはいるが，それ以上の理論的な発展にはほとんど成功していない。しかし，議論の精緻化のためには，まずもってこうして種々の説明変数を指摘することが先決であり，その意味で，このモデルは「前理論」と呼ぶにふさわしく，以後の理論的発展に多大の貢献をし

📖：用語解説

㉕国際政治・政策決定過程・対外政策決定過程

外交政策論においては，こうした三つの理論のそれぞれに共有される認識がある．すなわち，ここでは「国際政治」を，基本的に「価値の権威的配分をめぐる主体間の世界的規模における相互作用」と定義し，その主要主体である国家が争点化している問題をめぐって自己行動を決定する過程，すなわち，国家を代表する政策決定者が内外の諸環境を認識して自已の目的に照射しつつ手段を選択する過程を「政策決定過程」と呼び，このような過程を通じて，国家が自己の能力を用いて対外目標を追求する行為，すなわち，国際的なレベルの政治過程に参加する国家的なレベルの主体の意思決定を「対外政策決定過程」と呼んでいる．こうした前提認識が，以下のすべての理論に共通のものであることは重要なので，よく理解しておいてもらいたいと思う．

たと評価できるのである（📖26）。

たとえば，国家間政治論の今や古典となった**スナイダー**（☺⑰）たちの業績は，「国家間の相互作用の過程」として国際政治を捉え，国家をある状況下における「行為」として定義し，それを規定する要因として，第一に外的条件，第二に内的条件，第三に社会構造と行為を挙げ，政策決定の分析において，これらの三つの条件を一つのシステムとして把握しようとしたのである。その際に，分析範囲の設定として，政策決定者を公的な立場の者に限り，世論やその他の政治社会的な要因は明示的にはモデルに取り入れていない。それらの要因がもつ影響力は，最終的には政策決定者を通じて効力を発揮するものだからである。

彼らの分析手順は，第一に，決定の単位を決め，第二に，決定者を規定する内外の要因を列挙し，第三に，政策決定の要因である権限の領域（組織的変数），通信と情報（情報的変数），動機（心理的変数）を検討するという三段階のものである。したがって，彼等にとっての対外政策決定は，組織，情報，心理というこの三つの行動決定要因の相互作用の結果であるとされるのである。しかしながら，このモデルは，ある決定がなぜ行われたのかという問題を解明する枠組というよりも，むしろ国家行動の類型化の枠組に適していると評され，そのため二度にわたる修正が行われた（📖27）。

修正モデルは，第一に，政策決定者の「イメージ」に写し出された国内的および国際的な環境という二変数が追加され，このため，客観的な意味での環境と決定者のイメージの中の環境とが異なることを考慮したより現実的なモデルとなった。また，第二に，非国家的行為主体への適用をも念頭に置かれた上で，諸変数の簡素化がはかられ，説明変数は決定時期（歴史的政治的変数），個人的決定者（心理的変数），組織の環境（社会的変数）の三つに整理された。

このようなスナイダーのモデルに関する批判としては，第一に，抽象度が高く，「モデルのためのモデル」の域を出ていないこと，第二に，あまりにも多くの説明変数が与えられ，それらの具体的な説明やいかなる過程を経て変数として機能するかについての論理が不明確であること（📖28 ▶ p. 145），したがって第三に，仮説の設定や予測の段階まで議論を発展させられないこと，そして第

📖：用語解説

㉖外交政策論の前提認識

こうした理論の背景には，第一に，当該国家の対外目標の明確性（優先順位の確定性）の存在，第二に，目標達成のための最適手段の選択可能性の存在，第三に，統一的意思をもつ有機体的行動主体としての国家という三つの暗黙の前提が設定されているのである．いわば国家の対外政策を，その内部における「意思決定過程」という次元を敢えて軽視し，外的環境からの刺激に対する反応として説明しようという国家政策レベルの「刺激＝反応モデル」という概念である．

㉗スナイダー・モデル

スナイダーのモデルが提示した最も重要な意義は，一国の対外政策決定過程が単なる国益を追求するための合理的選択行動ではなく，そこには政策決定者個人の人間的要素や，彼が所属する，または彼を取り巻く種々の集団的要素など，多くの心理的かつ社会的な相互作用が関係し，その総合的な結果として導出されるものであることを訴えた点にある．それは，まさしく「体系的」なモデルと呼ぶにふさわしい業績であったといえよう．

☺：人物紹介

⑰スナイダー，リチャード・カールトン（Snyder, Richard Carlton：1916-1986年）

アメリカの国際政治学者．ノースウェスタン大学，カリフォルニア大学オハイオ州立大学，アリゾナ州立大学などの教授を歴任．対外政策決定過程に関する史上初の体系的な分析モデルを構築したことで知られ，いわゆるミクロ国際政治学の創始者の一人と目されている大御所である．主著に，『アメリカの外交政策（*American Foreign Policy*）』（1954年），『対外政策決定（*Foreign Policy Decision Making*）』（1962年）などがある．

四に，非公式レベルの決定に対する影響を考慮していない点などが挙げられる。

しかしながら，スナイダー・モデルの登場以後，この研究領域に一つのブームがもたらされ，幾多の新しい議論が試みられた。そして，そのいずれもが，スナイダー・モデルの「修正モデル」という形をとっていた事実は注目に値すべきであろう。学問とは，まさしくこのように進化していく作業の蓄積だからである。

コミュニケーション・モデル

政治学の分野において，政府を神経系になぞらえた「情報制御回路のシステム」として捉えた**ドイッチュ**は，政治現象をコミュニケーションとコントロールの概念で定義し，これを組織における決定過程を成すもの——前者が統合性，後者がその行動の規制を行うものと考えた。

彼は，力による行為に対して「情報」が先行する点を強調し，システム論で言う「入力」と「出力」および「フィードバック（新しい情報によるシステム修正の機能：学習機能）」を基本的な概念として設定した。彼は，この枠組を用いて，国家が自律的にその行動を統制する活動としての政策決定過程をコミュニケーション・フローとしてモデル化した。それは，まず「メッセージ（入力）」が「ブラックボックス（暗箱）」に入り，その中で記憶と決定の相互作用であるシステムを通過し，そこから再び「出力」としての反応が出され，それが「フィードバック作用」によって再び入力へと進むという図式から成る。すなわち，情報の流れによって決定過程における諸機能を分析しようという試みである。

さらに，彼は，一国の対外政策に影響を与える五つの社会集団として，社会・経済エリート，政治・政府エリート，マス・メディア，地方オピニオン・リーダー，国民一般を提示し，各レベルの集団を，それぞれコミュニケーション・フローの暗箱として設定したのである。いわば，そこでは，国家を本質的に国内的および対外的な関係に対するメッセージの交換に基づく意思決定と制御のシステムとして見なしたというわけである。このようなドイッチュの業績は，統計学的な手法を応用した「内容分析」や後述する心理学的および操作的

📖：用語解説

28説明変数と被説明変数

ある存在と他の存在の間に相関関係があり，さらに因果関係がある場合に，説明される対象としての被説明変数と，その対象を説明する要素としての説明変数を設定することができる．たとえば，ある企業の生産量をその企業に投下される労働量で説明する場合に，生産量は被説明変数であり，労働量は説明変数である．なお，説明変数はそれ自体で自立的な要素であるために独立変数と呼ばれることもあり，また，被説明変数は説明変数によって規定される存在であるために従属変数と呼ばれることもある．

モデルの基礎となったのであった（📖29 30）。

さて，コミュニケーション・モデルは，従来のモデルに代わる新たな視点と分析ツールを提供し，政治学における「予測」という試みを行った点など，幾多の効用をもっていた。しかし，その基本的な枠組はあくまでも他分野で発達したものに過ぎず，様々な特性をもつ国際政治分析における有効性には限界がある。また，相互作用のデータの信憑性や実証の道具としての指標の妥当性は，常に論議の的になっている。しかしながら，コミュニケーション・モデルが，限定的条件下で成立する「部分理論」として，複雑な国際体系の分析的観察の道具となり，政策決定過程の時系列的相関を体系的に測定・整理する作業に寄与したことは大きな貢献といわねばならない。

（2）国家体系論

前項で概観したように，国家間政治論は，政策決定の内部過程を重視せず，それに対する「入力（環境要因）」と「出力（政策）」との関係を定式化する試みであった。だが，実際の政策決定においては，政策決定者が外的および内的な環境に関する正確な情報を得ることは困難であり，特に，彼が国内的な制約条件をいかに克服するかはより重要な問題である。また，いわゆる政治的決定の作成には，複数の個人や組織の相互作用が絡み，参画者の価値観や状況認識，利益，要求などは，著しく乖離したり矛盾したりする方がむしろ常態である。こうした複合主体としての国家の性格から考えても，国家間政治論は，当該国家の政策決定に関する一般的な傾向を知るための枠組としてはある程度の有効性をもつ理論ではあるが，より厳密な現象の理解のためには，国内の意思決定過程を捉える理論の必要性が生ずるのである。

そこで，1970年代の前半から，決定に参画する個人や組織を分析の対象とし，それと制度や慣行などの諸要因との関連を考慮しつつ国家行動の意味を理解する（外部環境よりも内部過程を重視する）という国家体系論が登場したのである。本項では，このパラダイムに属する諸モデルを，第一に，合理的行為者モデルと組織過程モデルとして，第二に，政府内政治モデルと国内政治モデルとして分類し，それぞれ紹介する。

📖：**用語解説**

㉙コミュニケーション・モデル

政治学におけるコミュニケーション・モデルは，もともとラスウェルやリップマンなどによって行われたマス・メディアの社会的影響力や世論形成の動向，または選挙分析などの研究から出発している．したがって，ここで紹介するドイッチュの研究など，サイバネティックスや情報理論などの概念を利用して，ある特定の目標を実現するための政策決定過程である政治現象を研究した業績は，政治学におけるコミュニケーション・モデルの第二の類型と呼ぶことができよう．ちなみに，いずれのアプローチも，政治学における数量分析の動向を大いに助長する結果を導出した．

㉚内容分析

たとえば，新聞や雑誌などの記事から該当する政策決定者の発言などをチェックし，それにウェイトをつけたりなどの統計処理の技法を用いて整理し，その結果から社会現象の認識や政策を論ずる研究方法である．政治学や国際関係論の分野における応用に先だち，社会学や経済学の研究においては古くから使用されている社会調査法である．

合理的行為者モデル

国家体系論における**アリソン**（☺⑱）の存在は，国間政治論におけるスナイダーに対比されるものであり，その先駆性や後の研究への寄与という意味で不滅の業績を挙げている。1970年代以降に蓄積された政策決定に関する幾多の事例研究は，概して，彼の理論を土台としたモデルである。

アリソンの議論は，第一に，政策決定過程の分析単位は統一的意思をもたない政府を構成する組織体であり，第二に，政策決定者は少なくとも個人的，組織的，国内的な三つのレベルの要因に基づいて行為を選択するという二つの仮定から出発する。こうした前提は，政策決定は最高意思決定者が自由に選択するものというよりも，むしろ巨大かつ複雑な諸組織が算出した結論を彼が「追認」する場合が多いという認識に基づいている。アリソンはこのような論理展開の下で，**キューバ危機**（📖31，☺⑲⑳）における米国の政策決定を事例として，有名な三つのモデルを開発した。そして，どれも絶対的な意味では適当ではないが，それらが併用されることで決定過程の全体像が解明されることを期待したのである。

アリソンの第1モデル，すなわち「合理的行為者モデル」は，分析対象はあくまで国内レベルであるにもかかわらず，その本質はむしろ国家間政治論と共通の系列に属するとも考えられる。つまり，ここでいう合理性とは，価値極大化という目的のための手段選択を意味し，合理的かつ単一の政策決定者が一組の目標，選択肢，結果に関する単一の評価をもつことを意味している。いわゆる**「ゲーム理論」**や**「核抑止理論」**（📖32）はこうしたパラダイムにおいて生まれた成果であり，国家間政治をめぐる諸理論における暗黙の前提は，すべてこの枠組に集約されている。

組織過程モデル

ところで，国家を含めて，社会におけるあらゆる組織には「非合理性」の要素がつきものである。なぜなら，組織とはその構成員の諸利害を背負って行動する存在であり，その活動の過程においては，複合主体としての組織にとっては自己の行動原理が不明確にならざるを得ない。したがって，国家などの社会

📖：用語解説

31キューバ危機

冷戦体制下の1962年に起きた事件．キューバに配備するための核弾頭ミサイルをソ連が海上輸送中であることを察知したアメリカのケネディ大統領が，艦隊を動員した海上封鎖をもって対抗し，戦局は双方譲らず，一時は米ソ全面核戦争勃発の危機が叫ばれた．しかし，ソ連のフルシチョフ首相が譲歩し，ミサイルを引き上げることで終幕した．この経験によって，核時代における危機管理の必要性が認識され，同時に，世界情勢はデタント＝緊張緩和へと推移していくことになった．

32核抑止理論

人類最終兵器としての破壊力を有する核兵器の保有を前提として，有事の際にはそれを使用する意思を匂わせながら，それに対する脅威を逆に利用して他国からの侵略を防止しつつ，平和体制の維持をはかる戦略をいう．敵対する各国がそれぞれ核兵器を保有していれば，確実な報復行動が予想される限りにおいて，逆に，各国は共倒れを回避するために核攻撃の決定には踏み切れないというわけである．

☺：人物紹介

⑱アリソン，グラハム・ティレット（Allison, Graham Tillet：1940年-）

アメリカの政治学者．ハーバード大学教授．政策決定過程に関する分析用具としての三つのモデル（合理的行為者モデル，組織過程モデル，官僚政治モデル）を提示したことで有名．主著『決定の本質（*The Essence of Decision*）』（1972年）は，各国の言語に翻訳されて現代国際政治学のミクロ理論的潮流に一時代を画した．

⑲ケネディ，ジョン・フィッツジェラルド（Kennedy, John Fitzgerald：1917-1963年）

アメリカの政治家．合衆国第35代大統領として，1960年代に活躍した．旧ソ連のフルシチョフ首相とわたりあったキューバ危機（1962年），アポロ計画に代表される宇宙開発の推進，公民権政策，ベトナム戦争，産軍複合体制批判への取り組みなど，現代のアメリカや国際社会が抱える多くの課題に挑戦したが，テキサス州ダラスで暗殺された．

⑳フルシチョフ，ニキタ・セルゲイピッチ（Khrushchov, Nikita Sergeevich：1894-1971年）

旧ソ連の政治家．第２次世界大戦で軍人として活躍した後，戦後は共産党員として頭角を表し，スターリンの後を継いでソ連首相となった．1956年の第20回党大会で公然とスターリン批判（秘密報告）を断行して世界を驚愕させた．数々の欠点をもちながらも，人問的魅力に富んだ人物として西側諸国にも人気があった．

組織が有する合理性というものには限界があると言わねばならない。

そこでアリソンは，第2モデル，すなわち**「組織過程モデル」**を設定する。つまり，国家の政策決定者である政府は，各々が自律的な行動様式をもつ多数の大規模組織の緩やかな連合体であり，そこでは，半ば自動的に，各組織があらかじめ定式化されたプログラムにしたがって行動するルーティン活動が展開されている。政策決定者にはある程度の選択の余地は残されてはいるが，大部分は「標準作業手続き（SOP）」によって決められるというわけである。すなわち，対外政策は，政府を構成する諸組織が内在的要素にしたがって行動した結果，すなわち「組織過程の出力」であるとされる。

ところで，あらゆる組織には，制度的および機能的な専門化や階層化が成されるがゆえに「惰性」がつきものである。したがって，組織は，不測事態への柔軟性の欠如を特徴としている。プログラムと現実とのギャップが前者の小刻みな修正によって調整される限りにおいては良いが，より革新的な修正が必要な際には，頂点に位置する政治的指導者の指導力が期待されることになる。もちろん，決定者が判断の指標とする情報でさえこうした組織を通じて獲得されるものであるから，その調整力にも限界はあろう。しかしながら，仕事と責任の細分化がゆえに，各組織が自己の管轄事項の観点のみから問題解決に取り組む際など，事務レベルの調整を越えた政治レベル（📖33）の調整が必要となるのである。そこで必然的に登場するのが，以下の政府内政治モデルと国内政治モデルである。

政府内政治モデルと国内政治モデル

政府を構成する諸機関はそれぞれ公的に定められた権限体系の中で行動しており，したがって，いずれの組織も一定の「取引能力」を有している。これは政治的パワーが多数の組織に配分されていることを意味しており，そこで作成される出力とは，様々な強さをもった決定参画機関の政治活動の結果（換言すれば，種々の性質をもったプレイヤーによって行われるゲームの結果）であるとするのがアリソンの第3モデル，**「政府内政治モデル」**である。ここでは，一面において組織を代表し，他面ではそれを越えた政治の論理に基づいて行動

📖：用語解説

㉝政治レベルの調整

会社の営業活動などでトラブルが生じた場合に，課長や部長などの中堅管理職の段階で判断できない影響が見込まれる際には，社長をはじめとする役員会の判断を仰がねばならないであろう．そして，その場合には，詳細な作業手続きの問題ではなく，会社の経営方針そのものに関する問題が論じられることになろう．

する政府指導者間の相互作用が「決定の本質」とされるのである。

アリソンのこのモデルは，特に，日米を中心として多くの論議を巻き起こしたが，これによって**官僚政治**（📖34）のレベルにまで議論を拡大する必要性が認識されたことは重要である。この後，幾多の修正モデルが展開され，その精緻化を試みた成果が残されている。

こうした状況の中にあって，**デスラー**（Destler, I. M.）は，政府内政治モデルの評価として，第一に，行政府内への過度の分析の集中が決定におけるより広範な国内政治の要素を無視すること，第二に，官僚と動機づけに関する一方的な前提への疑問という二つの問題点を指摘した。彼は，大統領などの政治過程の中心部が外交に関する国民の指示を得るためには，中枢官僚と異なって国内問題に関心を払わねばならない点に着目し，政府内政治モデルの対象範囲が狭いことを批判した。同時に，政府内政治モデルが対外政策決定への影響力の説明に主な関心があり，参画者が自己の目的達成のために決定過程において利益を求めて積極的に策動するように想定しがちであることも批判した。特に，政策決定分析の本質として合意の作成よりも政治的戦術の展開に目を向け過ぎるという危険性を指摘したことは傾聴に値しよう。

こうした批判に立脚し，デスラーは，**国内政治モデル**（📖35）を展開する。彼は，政府内政治モデルで表現された過程がゲームの性質に左右される極めて偶然性の高いものであり，したがって，一般化や予測が困難であるとしつつも，特定の制度的特徴をもった決定システムの中で展開される政治ゲームはある程度構造化して捉えることができるとしている。そして，こうした構造性をもたらす原因として，より広く当該国家の国内政治の一般的特徴を挙げ，政府内部という狭い範囲を越えて，より多様な政治主体がその資格において決定過程に参画し，これら国内政治の諸変数から対外政策を説明しようとする国内政治モデルを展開した。すなわち，当該国家の「政治の質」によってその対外政策を説明しようとする試みである。

もちろん，対外政策における政府，議会，マス・メディア，世論などの関係を把握するのは困難な作業であり，特に，政策決定に関する合理性と民主的統制というイデオロギー的関心についての問題などは，今後の本研究領域におけ

：用語解説

34官僚政治

本来は行政専門職としての官僚集団が，その職能と職権をこえて立法などの政策決定過程においても影響力を有する状況を指していう．こうした傾向は，市民社会を基礎とする近代的な夜警国家の形態から，大衆社会に基盤を置く現代的な福祉国家の形態へと社会体制が移行していくのにともなって顕著になった．すなわち，政治活動の主要な舞台が立法作業にあった19世紀的な国家から，国家権力が国民の社会生活へ広く介入していくようになった20世紀的な国家が登場するに及んで，そうした行政活動の担い手としての官僚の権限が肥大化したのである．

35国内政治モデルと多元的国家観

国内政治モデルにおいては，政策決定過程に関わる種々の組織や集団，すなわち組合，企業，学校，政党，官庁などが相互にバーゲニングや交渉を行った結果として政策が出力されるという論理が見られるが，これは国家を他の集団との相対的な存在として認識する多元的国家観に通ずるものである．

る重要な課題である。そして，ここに至って，対外政策決定に関する議論はいよいよ国内政治学の研究領域と連携することになったのである。

（3）政策決定者論

政策決定過程をめぐる研究は，1970年代から80年代に至っていよいよ「微視化」の傾向を増し，ついに政策決定者個人に分析対象の焦点を当てることになった。このため，それ以前のいわば自然科学的方法論に立脚した**「ブラック・ボックス・モデル」**に対して，80年代の研究の主流は，いわば心理学的ないし人間学的な方法論に基づいた**「ホワイト・ボックス・モデル」**として明確に区別されることになった（📖36）。

このように，近年における議論の展開は，政策決定者個人をその内面から明らかにし，過去の行動を説明したり将来の行動を予測したりするものとなっている。したがって，この事実は，少なくともここでいう対外政策論の研究領域においては，国際政治理論が「仮説設定」の時代から「仮説検証」ないしは「予測」の時代へと発展しつつあることを意味している（📖37）。国際政治学の役割とは，まさしく国際政治における諸行為主体の行動に関する主要な変数を識別し，それらの相互関係を明確化することによって予測を行い，それをもって将来の現象変化に対処する政策を提言することであることだからである。

しかし重要なことは，対外政策の決定に際する政策決定者個人のパーソナリティなどを重視して研究を展開した業績は，なにも近年に限ったことではなく，従来から数多く存在しているという事実である。しかし，最近の研究では，特に以下に紹介する操作的モデルによる研究において見られるように，従来の成果に対してより「科学的・実証主義的な手法」を用いて分析を展開する点が重要な特徴であり，その意味で，これらの研究は，現代国際政治理論の到達点の一つを示す業績なのである。本項では，このようなパラダイムに属する議論として，第一に心理学的モデルを，第二に操作的モデルを紹介する。

▒心理学的モデル

先の政府内政治モデルでは，決定参画者の立場は，彼が所属する組織の共通

📖：用語解説

㊱ブラック・ボックス・モデルとホワイト・ボックス・モデル

前者は，政策決定者である個人の内部を分析対象として重視せず，それに対する入力と出力の関係を定式化する試み，すなわち「手続き方式」であり，政策決定者の認知としての状況の定義を暗箱とし，行動からその中身を推測するものである．後者は，政策決定者の意図や動機などを明示化し，それと他の要因との関連を考察して行動の意味を解釈しようというもの，すなわち「了解方式」であり，認知そのものを解明し，それによって行動を予測する試みである．したがって，このような政策決定者をめぐる諸理論は，国家間政治論や国家体系論よりもミクロな分析視角をもつものであり，「超ミクロ・モデル」とでも呼ぶべき理論である．

㊲仮説の設定と検証

仮説とは，if=then の形式，すなわち「仮に○○であるとすれば××となる」で文章構成されるものである．したがって，その検証作業には，前提条件である if の現実妥当性を論ずる作業と，結果としての then を検討する作業が含まれる．なお，理論研究の成果から仮説を設定して実証する研究方法を演繹法と呼び，逆に，実証研究の成果から仮説を設定して理論的に検討する研究方法を帰納法と呼ぶ．

の知覚や価値志向によって形成された下位文化と偏狭主義に拘束された「地位」によって決定するとされていた。しかし，参画者の立場は，彼自身のパーソナリティや社会的背景などの個人的要素によって大きな影響を受けるものである。この点に鑑みて，政策決定論に心理学の理論を応用したのはジャービスである。

ジャービス（Jervis, R.）は，第一に，行為者の「意図」に関する概念を検討し，過去の行動から将来の行動を推測する枠組を設定する。次に，国際関係に関する従来の理論を批判しつつ，政策決定者がいかにしで情報を処理し，自己の信条体系を形成，維持，変更するのかを論じている。そして，特に「誤認」の問題を取り上げ，これを少なくする方法を検討している。こうした彼のモデルに対する問題点としては，第一に，文化的要素とパーソナリティを考慮の外に置いていること，したがって，第二に，部分理論の枠を出ていないこと，第三に，その主な関心が，政策決定者がいかに他国の行動を知覚してその意図に関する判断を形成するかという問題の考察や一般化に置かれており，そこでは知覚が行動の直接的原因とされており，知覚構造を異にする決定者間の交渉や駆け引きを分析する枠組がないこと，そして，第四に，イメージの形成要因とその影響に関する命題は確率的かつ偶然的なものであって一般化が困難であること，第五に，モデルの適用にあたって通常では入手困難な資料が必要となることなどがいわれている。

ジャービスが政府内政治モデルを否定するのに対して，それを補完するモデルを提示したのは**スタインブルーナー**（Steinbruner, J. S.）である。彼のモデルは，いわばアリソンの組織過程モデルを「個人」のレベルで適用したものである。彼は，個人の選択と組織の選択とを区別し，不確実性の主観的解決という問題の考察に際して認識理論による補足をした。すなわち，環境が安定的で変化しない場合に，人間の心理が意思決定をめぐる諸問題にいかに対処するのかという問題に，限定された情報と単一の価値を変数として回答したのである。

彼の議論では，人間を全ての情報を考慮して常に価値や蓋然性の計算，比較の下で決定行動をする「合理的存在」とは見なさず，不確実性を制御しつつ限定された計算能力と拘束された学習過程を通じて複雑さを解消しようとする「サイバネティックな存在」として前提することから出発する（📖38）。すな

📖：**用語解説**

38サイバネティクス

生物や機械における自己制御メカニズムの構造や機能に関する研究をいう．自己制御メカニズムとは，あるシステムが，特定の目的を達成するためにシステムの外部との情報交流を通じて自己の行動を持続的に修正していく過程を意味している．たとえば，ある国家が他国から収集される情報を基にしてその行動のいかんを選択していく過程はその一種であり，そうした国家の活動を体系的に考察する考え方はサイバネティクスの一領域としての研究である．

わち，人間行動とはすべてが合理的な要素によって説明されるものではなく，実際は環境への「自動的反応」と見なされるものが多く（📖39），決定行動の多くは，あらかじめ決められた限定的な数の反応パターンの集合で成され，決定者は自己のもつ既存のレパートリーが受け付けない情報は最初から排除し，したがって，特定方針の選択から予測される環境条件に関する情報をフィードバックして検討する仕事を回避するというものである。これらを総括すれば，第一に，決定者は直接すべての結果については計算せずに不確実性のインパクトから逃げようとし，第二に，決定過程の本質は特定の選択された結果の追求ではなく限定的な手続きの成果であり，第三に，決定者は既存手続きとの関連において規定される限定的な情報にのみ感応するということになる。これによって，伝統的な理論がもっていた価値の統合，結果の範囲の概念化，情報に対する敏感性といった諸命題は，すべて否定されることになったのである。

ところで，このようなモデルによれば，決定状況の複雑さが増大するにつれてその対処のための反応レパートリーも多様化する傾向を生み，したがって，より巨大かつ多数の主体の出現，すなわち官僚機構の肥大化を必然とさせることになってしまう（📖40）。またスタインブルーナー自身は，「合理的行為者モデル」がその分析の焦点とした「価値のトレード・オフ」の問題を「不確実性」の問題へと転換することによって回避することに成功したにもかかわらず，それゆえ，結局は，決定過程における諸価値の競合関係や統合メカニズムという問題を不問に付してしまっている。

このように心理学的モデルは，あくまでも既存理論の補完的位置を占めるに過ぎないが，政策決定者個人に分析の焦点を当てたという意味で，以下の操作的モデルの登場に大きく貢献したといえよう。

操作的モデル

すでに指摘したように，対外政策の決定に際する政策決定者の要素を重視して分析を展開した業績は，本節で紹介する成果より以前から存在している。しかし，ここで紹介している近年の研究の主要な特徴は，従来の研究と比較して，より科学的な「手法」を用いて分析を展開している点にあり，その意味で，以

📖：用語解説

39自動的反応

たとえば，プロ・テニスの選手たちが試合でストロークのラリーを行ったりする場合に，いちいち自分の腕の筋肉の使い方などを考えながらレシーブしているとは考え難い．ある程度の技量を有していれば，そういったことは身体が覚えてしまっているからである．官僚機構のルーティン化された標準作業手続きは，外部からの刺激（入力）に対してそのように反応（出力）するというわけである．

40官僚機構の肥大化

福祉国家化の傾向が進む現代国家においては，いわゆる行政権が国家権力の比重に占める割合を拡大させており，立法権や司法権に対して優越する傾向にある．したがって，必然的に行政権の担い手である官僚機構が肥大化する傾向にある．

下に紹介する操作的モデルは，現代国際政治研究の到達点の一つを示す研究動向であるといえる。

さて，操作的モデルの興隆を助長した先駆的業績として，まず，**「認知構造図」**による研究の発展が挙げられる。これは，政策決定者がその問題処理に際していかなる要素を取り上げ，それらの要素間にいかなる因果関係を認知しているのかを，「符号付き有向グラフ」を用いて表現するものである。つまり，こうした「地図」は，政策決定者が新しい情報を得た際に，それを解釈し，評価し，解決すべき問題を識別し，対策を選択・設定する場合の基盤を表現しており，これを用いることによって，決定者の認知の比較や議論方法の考察など，多岐にわたる応用研究が可能となるわけである（41）。

たとえば，**アクセルロッド**（Axelrod, R.）は，ある政策決定に関してそれを解釈・予測するために，決定者の発言，すなわちインタヴューや文書から因果関係についての主張の文脈を抽出し，それらを合体化してグラフにまとめ，いくつかのシナリオの下で，彼がいかなる政策選択をするのかを予測している。しかしながら，こうした操作的なモデルは，あくまでも「歴史的事実」そのものではなくいくつかの「仮定」を積み重ねた議論であり，すなわち，それは現実味のある過程に関する「反事実」であり，したがって現実「らしさ」の検討は可能なりといえども，「実証」そのものは困難である。こうした点が操作的モデルの限界であろう。

ところで，政策決定者をめぐる諸理論は，国家間政治論や国家体系論と背反的なものではなく，むしろ相互補完的なものであることはいうまでもない。心理学的モデルや操作的モデルは，他の理論において軽視されてきた対象を取り扱うという意味では独立した部分理論ではあるが，それぞれ一つだけでは政策決定の全体像を把握できない。したがって，これらの**三つの理論的パラダイムが併用される**ことによって一層の綿密な分析が可能になると思われる。その意味で，これら三者は，マクロの国家間事情，ミクロの決定過程事情，そして決定者の内面の事情とを結び付ける概念を必要としているが，現状においては，これら三者は異なる分析の目的や関心によって選択され，併用される必要があると考えられるのである（42）。

📖：**用語解説**

41人工知能（AI：artificial intelligence）

認知構造図と同様に政策決定者の内面を明らかにする試みとして，「人工知能」による研究が挙げられるだろう．これは，人間の知能に関する諸原理，特に，その「思考」を解明するために，コンピューターのプログラミングを応用するものである．たとえば，トーソンとシルヴァンは，キューバ・ミサイル危機に際する米国のケネディ大統領の思考の分析にこれを適用し，彼の考え方をプログラム化し，それに対する種々の政策の選択肢を入力して，その反応を検討している．人工知能は，このようにプログラム化された決定者の思考に対して一定の情報を入力し，それに対する反応を見るものであり，認知構造図と同様に，政策決定者の発言や文書を参考として分析的枠組を設定するものである．したがって，その意味では，両者は先に紹介したコミュニケーション・モデルの系譜を少なからず踏襲する理論として位置付けられるであろう．

42現代国際政治をめぐる対外政策論の潮流

対外政策論		
年代		
50年代 ～60年代	国家間政治論	前理論的モデル コミュニケーション・モデル R. Snyder, J. Frankel etc.
↓	↓	↓
60年代 ～70年代	国家体系論	合理的行為者・組織過程・ 政府内政治・国内政治モデル G. T. Allison, J. D. Steinbrunner, M. A. Halperlin, etc.
↓	↓	↓
70年代 ～80年代	政策決定者論	心理学的モデル 操作的モデル R. Axelrod, S. J. Thorson, I. M. Destler, etc.

上図には，対外政策論（ミクロ国際政治理論）が時代の変遷（現象変化）に即応してどのような論理的な進化をしてきたのかが示されている．まず，1950年代から60年代にかけては「国家間政治論」が興隆し，次に，60年代から70年代にかけては「国家体系論」が，さらに，この流れを受けて70年代から80年代にかけては「政策決定者論」へと発展したのである．左ページの本文の記述と合わせれば，各々の理論が，それ以前に興隆した理論の問題点を克服するための努力の積み重ねの上に進化してきたことが読み取れるであろう．

ミクロ理論とマクロ理論の交錯

なお，こうした分野の将来における研究課題として，本章で検討してきたマクロの国際体制論とミクロの対外政策論との論理的交錯に関する議論の充実が望まれていることは指摘に値しよう（📖43）。国際体制論に属する三つの理論と対外政策論に属する三つの理論とは，それぞれが政治活動における三つの側面を体現したものであるということから考えて，相互に連関しているということについてはすでに指摘した。そうしたいわばマクロ理論とミクロ理論との論理的な交錯に関する検討を遂行すれば，以下の通りである。

第一に，国際体制論の現実主義論と対外政策論の国家間政治論との間には，国際政治を動かす基本的な要素としての「力」というものに対する認識，すなわち国家レベルにおける「パワー中心思考」という論理的な前提が存在している。両者は互いに，各主権国家の国力とその発現形態である対外政策の遂行や軍事力の行使という活動が衝突し合う現象としての国際政治の側面を重要視しており，そこでの国際政治現象は，必然的に「権力政治」または「闘争主義」を露呈するものとならざるをえないからである。

第二に，国際体制論の制度主義論と対外政策論の国家体系論との間には，国際政治を動かす基本的な要素としての国家などの制度的枠組の「機能」もしくは経済活動などに代表される組織的な主体の役割というものに対する認識，すなわち**「機能中心思考」**という論理的な前提が存在している。両者は互いに，こうした各主体が果たす機能によって協調的な活動が国際社会において遂行される側面を重要視しており，そこでの国際政治現象の認識は，やはり必然的に「協力主義」を強調するものとなるからである。特に，国家体系論において，政策決定に影響を与える各国内集団がバーゲニングを通じて一つの対外政策を形成するために妥協・取引を展開するという論理は，この交錯を体現しているといえる。なお，前述の「パワー中心思考」の理論と同様に，このカテゴリーに含まれる理論が，国際政治の動態要因としての「非人間的要素」に着目していることは重要である。

第三に，国際体制論の構造主義論と対外政策論の政策決定者論との間には，国際政治を動かす基本的な要素としての政策担当者の「思想」や「信条」また

📖：用語解説

43論理内容から見た対外政策論と国際体制論の交錯

論理的前提	対外政策論	国際体制論
パワー中心思考 対立主義的要素 非人間的要素	国家間政治論	現実主義論 新現実主義論．
機能中心思考 協力主義的要素 非人間的要素	国家体系論	制度主義論 新制度主義論
イデオロギー中心思考 人間主義的要素 （個人の世界観）	政策決定者論 （超ミクロ理論）	構造主義論 新構造主義論 （超マクロ理論）

上図では，現代国際政治学の分野において長きにわたって懸案課題となってきた対外政策論（ミクロ国際政治理論）と国際体制論（マクロ国際政治理論）との論理的交錯という問題への回答が示されている．たとえば，ミクロの国家間政治理論とマクロの現実主義・新現実主義論のいずれにおいても，国際政治における主体としての国家やその力（国力）が果たす役割を重視した論理が展開されており，国際政治をパワー（政策）とパワー（政策）がぶつかり合う権力政治観から把握している（パワー中心思考）というわけである．

は個人的な「世界観」や「歴史主義的解釈」，すなわち**「イデオロギー中心思考」**という論理的な前提が存在している。両者は互いに，それぞれの個人がもっているイデオロギーによって国際政治が動態する側面を重要視しており，究極的には，そこに一種の人間主義（ヒューマニズム）を体現すべきものとして国際政治における国家活動を把握しているからである。いわゆる構造主義的な議論において，国際社会の不平等を是正し，人間主義的な尊厳を確立させようとする論理の展開は，こうした認識の典型例として見ることができよう。したがって，前二者と相違し，これらの「イデオロギー中心思考」の理論は，国際政治の動態要因としての「人間的要素」に着目していることは重要である（📖43参照）。

コラム5　民主主義国と非民主主義国の戦争

あるいは不思議に思われるかも知れないが，世界の歴史上，民主主義的な国家と，独裁国家などの非民主主義的な国家の戦争は，最後には必ず前者が勝利してきた。さらに，軍事大国とそうでない国との場合にも，最後には必ず後者が勝利してきた。実は理由は単純であって，大袈裟な正義不正義の問題ではない。

まず，民主国家の国民は私有財産が認められているので，敗戦は私物を他国に奪われることを意味する。だから自分の財産を守るために必死で戦うため，その勝利への欲求は私有財産を認められていない非民主国家の国民の比ではない。また，軍事大国は平素から軍備に巨額の予算を注ぎ込んでいるため，いざ実戦となると保有している軍備を使い切ったらそれを補充する国力は枯渇してしまう。また，普段から他国に対して威圧的な外交を行っているため，外国からの援助は望めない。

これに対して民主国家は，開戦とともに当初は軍事力の差によって劣勢となるが，そこを何とか踏ん張って長期戦に持ち込めば，戦時経済へ移行して軍備の量産体制を整える国力の余裕がある。また，平素から開放的で他国と友好関係にあるため，同盟国や支援国からの援助を期待できる。よって民主主義的な国家と非民主主義的な国家の戦争は，最終的にはほぼ確実に前者の勝利をもたらす。

ちなみに，ロシア，中国，北朝鮮のような核兵器保有国が，血気にはやってそれを使おうものならそれこそ全世界からそっぽをむかれ，彼らは国力減退への道を転がり落ちていくことになる。そうなれば，革命だのクーデタだの内戦だのと騒動が起こり，良くて体制の変革，悪ければ国家の解体か亡国という結末がやってくる。

第5章

現代政治学の新展開

1　政治と経済の交錯

[要点]　現代政治学の今後の展開において重視されるべき課題として，やはり第一に政治学と経済学の交錯という問題を指摘しておく必要が存在するであろう。政治現象は，他の社会現象と比較して，とりわけ経済現象との関連性を強く有している。近年，現代国家が遂行する諸政策の中で，経済政策の重要性は特に強調に値する。また国内政治に限らず国際政治の場においても，国家間および地域間の経済関係の推移が国際社会全体の動向を左右する重要な要素として認識されるようになってきている。

（１）政治学と経済学の連携

ところで，経済現象が政治現象に与える影響，もしくは政治現象が経済現象に与える影響の考察という課題は，古くは**スミス**（☺①），リカード（Ricardo, D.）らの**イギリス古典派経済学**（☺②）や，また，その視点を復権させたケインズに始まるマクロ経済学，また，現代ではその流れを汲む公共選択論に代表される「政治経済学」などが取り組んできたものである。特に最近においては，**ヴェブレン**（☺③），**コモンズ**（☺④▶p. 169）らの系譜を継ぎ，アメリカ制度学派の旗手として活躍した**ガルブレイス**（☺⑤▶p. 169）らの一連の業績が有名である。しかしながら，これらの人々の業績やスタンスは，いずれも経済学の見識をもって政治現象と経済現象の連動関係を論ずるというものであった（📖1）。したがって，今後の研究においてむしろ必要とされる研究姿勢は，その逆，すなわち，政治学の見識をもって政治と経済の連携現象を論ずるというものである。この相互通行が完成したとき，我々ははじめて，政治経済学の基本的な枠組を目の当たりにすることになるであろう。以下においては，その試みを展開する。

なお，現代政治学の課題には，これら以外にもさまざまなテーマがあるが，たとえば新たな国際政治理論の開発，政治的リーダーシップ論の充実，独裁主義や権威主義の再検討などのテーマに関する研究は，筆者の別の執筆書籍があるのでそちらの舞台へ譲ることとする。

📖：用語解説

1経済学の科学性と政治的要素の排除

政治と経済，効率と公正，構造と運動という二つの概念の関連性を論ずることは，古くて新しい社会科学の課題であるが，経済学は，その誕生当初のいわゆる「政治経済学」的な枠組から意図的に政治的要素を排除することを通じて科学的手法を発達させ，今日のような「社会科学の女王」としての地位を築きあげた．しかし，現実の現象は，むしろ政治と経済の不可分性を強調し続け，純粋経済学の枠組だけでは把握しきれない様々な政治的ファクターを考察する必要性を迫ってきているのである．

☺：人物紹介

①スミス，アダム（Smith, Adam：1723-90年）

イギリスの経済学者．いわゆる経済学の父と呼ばれる古典派経済学の祖．グラスゴー大学教授．論理学から道徳哲学を経て資本主義の研究へと進み，今日のあらゆる経済学の基礎を築いた．特に，経済的自由主義を提唱したことで有名である．主著に，『道徳感情論（*The Theory of Moral Sentiments*）』（1759 年），『諸国民の富（*An Inquiry into the Nature and Causes of the Wealth of Nations*）』（1776年）などがある．

②リスト，フリードリッヒ（List, Friedrich：1789-1846年）

ドイツの経済学者．国際経済学の先駆学派の一つであるドイツ歴史学派の総帥として名高い．イギリス古典派の自由貿易論に対し，経済発展段階説を前提とした保護貿易主義を提唱し，ドイツ国民経済学の父と呼ばれた．主著に，『経済学の国民的体系（*Das National System der poitischen Okonomie*）』（1841年）がある．

③ヴェブレン，ソースタイン・ブンド（Veblen, Thorstein Bunde：1857-1929年）

アメリカの経済学者．シカゴ大学スタンフオード大学教授などを歴任．社会進化論の立場から，ヨーロッパ流の理論を重視する経済学を批判し，社会現象や社会制度の側面を重視するアメリカ特有の制度派経済学を創設した．その主著『有閑階級の理論（*The Theory of Leisure Class*）』（1899年）に示された思想はコモンズやガルブレイスなどに受け継がれ，ケインズにも影響を与えた．

政治発展と経済発展の相互作用

さて，これまで本書においては，現代政治学の諸理論をミクロ政治学，マクロ政治学，国際政治学という三つの体系に再構成する努力を展開してきたが，そうした検討の結果，将来における政治学の課題の第一として，いわゆる政治学と経済学の論理的な連携という問題が指摘された。そこで，特に開発途上国を念頭においた政治発展と経済発展の相互作用という問題について考察していくことにする（📖2）。はじめに，政治発展と経済発展に関する諸概念を整理しておく。

まず，**経済発展**という用語であるが，一般に社会科学的な議論において使用される経済発展とは，経済学でいわれる経済成長などの用語と同様の意味で用いられる。その意味は，国家，企業，家計といった種々の経済主体が毎年生み出す財やサービスの増大，すなわち国民経済規模の拡大である。また，その指標は，**国民総生産**（GNP）の増加率を使用する（📖3）。換言すれば，貯蓄や資本の蓄積，人的および物的資源の最適配分，技術革新などの努力を通じて生産力が拡大し，持続的な経済成長が可能となる過程を意味するのである。

ところで，ここで使用する経済発展という概念は，もう少し広い意味で用いることになる。すなわち，ここでは，経済発展と政治発展および両者の相互関連性について議論することが目的なのであるから，近代工業化，資本主義的発展，市場経済化などの諸概念を含めた広い意味において経済発展という用語を用いることとする。

次に，**政治発展**という概念であるが，やはり一般的に社会科学的な議論において使用される場合には，民主政治――民主主義を実現するための思想，運動，制度が進展していく過程を意味している。民主主義とは，これらの思想，運動，制度という三つの事象の緊張関係の上に成立し，発展してきた産物である。したがって，民主主義的な諸権利を確保してこれを永続的な要素とするためには，単に思想や運動のレベルにとどまらず，それらを制度として定着，浸透させなければならないのである。しかし，制度というものは，一端成立しで慣行的に運営されると必ず形骸化が起こるものであるため，これを常に現実的に修正しつつ維持していくために，時代の変化に対応できる民主主義思想を生み出しつ

📖：用語解説

2 政治発展と経済発展の相互作用

この問題は，政治学や経済学の分野における古典的な研究テーマであったが，1990年代のはじめになって再び大きくクローズアップされるようになった．そこには，概して，以下のような三つの現象変化という事情が存在していたといえよう．まず，外生要因として，第一に，1980年代を通じてアジア，アフリカ，ラテンアメリカの諸国において，その経済発展に即応する形で政治改革を求める運動が活発化し，民主化という潮流が世界的な規模で浸透したという事実がある．第二に，1990年代にかけて，旧ソ連・東欧諸国における社会主義政権が，経済的な停滞状況に反発して民主化を求める市民の革命によって崩壊し，これに呼応して，民主主義と経済発展の関連性が強く認識されるようになったことである．これらの現象変化によって，西側諸国や援助機関の政策目的として，経済支援を通じた民主化，または資金援助の条件としての民主的政治体制という考え方が生まれてきたのであった．さらに，内生要因としては，援助機関の内部において，特に資金援助をしているプロジェクトや調整プログラムが経済的な目標を達成するためには対象国の政治改革が不可欠であり，インフラ中心の開発戦略よりも，基本的人間ニーズや調整融資，制度開発を通じた行政的かつ政治的側面への関与を増大させるべきであるとする見解をもったスタッフが増大したことである．

3 GNPとGDP

最近では，GNP（国民総生産）から海外要素所得額＝当該国以外の国における所得額を差し引いたGDP（国内総生産）が，こうした議論における操作概念として使用されるのが常識となった．

☺：人物紹介

④コモンズ，ジョン・ロジャース

（Commons, John Rogers：1862-1945年）

アメリカの経済学者．シラキューズ大学やウィスコンシン大学教授などを歴任．ヴェブレンの業績を受け継いでアメリカ制度学派の総帥として活躍するとともに，キリスト教社会改良運動にも携わった．移民問題，労働問題，公益企業，失業保険などの問題に取り組み，アメリカの労働法の充実に貢献した．主著として，『制度学派の経済学（*The Institutional Economics*）』（1934年）がある．

⑤ガルブレイス，ジョン・ケネス

（Galbraith, John Kenneth：1908-2006年）

アメリカの経済学者．プリンストン大学，ハーバード大学教授などを歴任．ヴェブレンやコモンズらのアメリカ制度学派の系譜を受け継ぐ現代経済学の大御所の一人である．主著に『新しい産業国家（*The New Industrial State*）』（1967年）などがある．

つ，制度的な形骸化を防止するための国民の監視活動を伴う必要がある。したがって，政治発展とは，政治思想，政治運動，政治制度の三つが有機的な関連をもって相互に影響し合いながら自己を発展させていく過程であるといえよう。

ところで，先の経済発展の定義と同様にして，やはりここで行われる議論において使用する政治発展という概念は，もう少し広い意味で用いたい。すなわち，ここでは政治発展という用語を，民主主義化，議会制民主主義化，市民社会的状況化などの諸概念を含めたより広い意味において用いることとする。なお，重要なことは，政治発展は必ずしも政治的安定という概念と同義ではないという事実である。また，同様にして，経済発展の過程は経済的安定の状況を約束しない。政治や経済が動態的に発展していく過程においては，社会が必ずしも安定的ではなく，むしろ逆に非秩序的状況（カオス：混沌）が土台となってこうした発展が促進される場合も多い。近年の我が国における劇的な政権交代は，長期にわたる自民党の一党支配を終焉させ，単独支配を「当り前のこと」ではなく「政治的選択肢の一つ」としての地位に追いやった点で，あきらかに政治発展の一事例である。しかし，これは同時に，従来よりも一層の社会的不安定という状況を生み出した。政治や経済が発展するときには，むしろ社会は不安定化するのである。さらに，ここでは政治発展と経済発展が相互に関連性を持ちながら当該国家のパワーを拡大させていく過程を総称して「近代化」と呼ぶ。すなわち，諸国家が，その独立と統一というスタートラインからはじまって経済成長し，同時に政治的民主化を実現していく過程を近代化として定義しておく（📖④）。

（２）政治現象と経済現象の交錯

さて，政治発展と経済発展という二つの概念をリンクさせる議論は，政治学の分野における古典的なテーマであり，特に新しい研究領域というわけではない。重要なことは，ほとんどの経済学の研究においては，この種の議論が成されることがなく，そこではあくまでも経済発展という問題だけが取り上げられてきたという事実である。近年，我が国に典隆したいわゆる「開発経済学」の業績もこの意義を越えるものではなかった。ここでは先行研究の一例として，

📖：用語解説

④開発独裁

途上国において経済発展のための開発政策を遂行していく場合には，資本，労働，技術などの経済要素を持続的かつ集中的に特定の産業分野へ投入する必要がある．そこでは，強力な政治的リーダーシップを有する安定的な政権の存在が基盤となる．なぜなら，世界経済の景気変動や国内世論動向の良し悪しが政策方針に大きな影響を与えるような弱い政府では，こうした持続的な政策遂行が不可能だからである．したがって，民主的な脆弱性を有する体制よりも，独裁的な強い体制がより望まれるわけである．周知のアジア NIES 諸国や ASEAN 諸国などの経済発展は，少なからずこうした強力な政府のサポートによる政策を背景として実現されたといえよう．

「政治経済学」の業績を紹介しておこう。

民主化の過程において，経済や社会の発展が政治発展を政治経済学の貢献も助長するという考えを論理的に導出する試みは，政治経済学の業績によく見られるところである。すなわち，**都市化**（📖5）の拡大や識字率の向上によって中産階級が成長し，国民の政治に対する理解が深まり，こうした市民意識の発達によって政治参加が進むという論理である。こうした見解には，たとえばインドなどは経済・社会指標の値は低いにもかかわらず政治的には長期にわたって民主的な慣行が維持されてきているとか，1970年代において多くのラテンアメリカ諸国が経済発展にもかかわらず民政から軍政へ移管し，政治体制が権威主義化していったなどの批判が噴出し，したがって，開発途上国ではある程度の経済発展はむしろ政治発展を阻害し，民主化を後退させると論じられたこともあった。

しかし，80年代にいたって，これらのラテンアメリカ諸国が再び軍政から民政に復帰したり，台湾や韓国などのアジアNIES諸国において，経済発展に呼応しつつ政治発展が進行した事実に鑑み，以下のような総合的なモデル化が成されることになった。すなわち，発展途上国の場合には，経済発展がある程度まで到達すると民主化は一時後退するか，あるいはより以上の経済発展を達成するために権威主義的政治体制へと移行してしまうが，さらに経済発展が進展すると中産階級の人口が増え，それらの人々は政治的自由の拡大を求めるようになり，民主化が再び進展していくというものである。

もちろん，ブラジルなどに見られるように，80年代の民政移管は経済的成功によるものではなく，むしろ経済的行き詰まり（累積債務問題など）によってもたらされた転換であるなどの批判的な要素も存在するが，そうした地域的特殊性の議論をはじめる際の一つの基礎的な分析枠組として，こうした政治発展と経済発展の動態的なモデルは，大きな意義をもっているといえよう。以下においては，この議論を土台として，政治発展の経済的基礎と経済発展の政治的基礎に関わる要因をそれぞれ整理してみよう（📖6）。

📖：用語解説

5都市化

資本主義経済体制下において近代工業化が進行していくと，生産活動に関わるコスト削減や利益の増大という要請から，資本や労働力の集中という社会現象を生起させる（集積利益）．このような都市への集中現象は，経済が発展すればするほど進行し，また，社会の進化にともなって都市自体が野放図に拡大していく傾向を生む（スプロール現象）．なお，都市化は人口の集中や偏在という要素を通じて，スラム街の形成をはじめとする生活環境の悪化を招くというマイナス面を有する社会現象であり，特に現代の発展途上国における最大の課題を提起している．

6政治発展と経済発展の相互作用に関する時系列的概念図

	国家的独立と統一・権威主義的開発独裁・経済成長・政治発展・先進国化・経済停滞
政治発展の経済的基礎	農地改革の達成 国内市場の確立 都市化の拡大 産業構造の転換 教育水準の向上 可処分所得の増大 中産階級の出現 先進国病
経済発展の政治的基礎	議会制民主主義制度の設立 普通選挙制度の導入 文民統制の確立 複数政党制の実現 先進国病

上図において，「政治発展の経済的基礎」および「経済発展の政治的基礎」のそれぞれを構成する各要素の登場する時期が，上欄の「国家的独立と統一」から「経済停滞」に至る国家の政治経済発展の過程に各々対応している．たとえば，ある国家の「経済成長」の時期は，「教育水準の向上」や「可処分所得の増大」および「文民統制の確立」や「複数政党制の実現」などの時期に対応しているというわけである．

政治発展の経済的基礎

〔**農地改革の達成**〕　政治発展＝民主主義的な政治体制が確立されるために必要な経済的条件の第一は，農業社会から工業社会への移行に伴う農地改革の達成である。民主的な政治の基盤は，まずもって自由で平等な市民大衆の登場という現象であり，これらの多数派を形成する人々が政治参加の候補者として存在しない限り，民主化の第一歩はありえないといえよう。

〔**国内市場の成立**〕　同時に，政治発展のはじまりは，いわゆる対外的な主権国家としての独立と対内的な統一であり，そこでは社会生活の基盤である経済活動における国民経済が形成されていることが必要である。すなわち，国内市場の成立は，民主的な政治を実現する舞台を経済的側面から支える要素といえる。

〔**都市化の拡大**〕　第三に，政治発展を実現させる前提としてのある程度の経済発展は，近代工業化の過程を通じて成されるものである。したがって，そうした工業化の過程では，農地改革によって解放された農民が都市に移住し，新しく勃興する産業の労働者として活躍することが必要である。ゆえに，都市化もまた，政治発展を経済的側面から支える要素である。

〔**産業構造の転換**〕　第四に，同様にして，第一次産業中心の産業構造から第二次もしくは第三次産業へとその国の資本や労働の比重が移行していくことによって，社会は進歩して豊かになる。すなわち，豊かになることによって，国民は政治的動物としての活動を行う精神的および物質的な余裕を獲得するのである（📖7，☺⑥⑦）。

〔**教育水準の向上**〕　第五に，いくら経済が発展しても，その国の国民が自己の政治性，すなわち，政治的動物としての国民である自己に目覚め，いわゆる政治活動を展開して政治参加の度合いを高めない限り政治発展はありえない。したがって，教育水準の向上による国民の政治知識の獲得は，やはり民主政治を実現する基礎である。

〔**可処分所得の拡大**（📖8）〕　先の産業構造の転換に伴って国民経済が拡大していくにつれて，国民自身の所得も向上し，政治活動への参加に伴うコストを負担する余裕が生まれる。また，可処分所得の増大はそのまま消費支出の増大へと通じ，政策の基盤歳入の拡大を提供することによって行政の統治能力の向

📖：用語解説

7 ペティ＝クラークの法則

ある国において，資本，労働，技術の主たる比重が第1次産業から第2次産業へ，さらには第3次産業へと移行していくのにともなって，その国の経済発展の段階が進展するという経済的進歩の法則であり，ロストウ（Rostow, W. W.）の経済発展論やオーガンスキーの政治発展論などの論理的根拠となった理論である．なお，こうした考え方を初めて世に問うたのが古典派の経済学者であったウィリアム・ペティであり，また，その議論を現代経済学の中で体系的に理論化したのがコーリン・クラークであったため，両者の名を取ってこの理論をペティ＝クラークの法則と呼んでいる．

8 可処分所得

総所得額から，税金などの所得取得者が恣意的に使用できない金額を差し引いた残額をいう．すなわち，総所得額のうちで貯蓄と消費に使用される金額のことであり，処分可能な所得という意味からこのような名前になったわけである．

☺：人物紹介

⑥クラーク，コーリン・グラント（Clark, Colin Grant：1905-1989年）

イギリスの経済学者．ケンブリッジ大学教授．オーストラリア政府の要職などを歴任．国民所得の統計学的な比較分析に関する業績で世界的に知られる．主著に，『経済進歩の諸条件（*The Conditions of Economic Progress*）』（1940年）がある．

⑦ペティ，ウィリアム（Petty, William：1623-1687年）

イギリスの経済学者，統計学者．貧しい生い立ちから苦学して医学や解剖学を修め，オクスフオード大学教授となった．宰相クロムウェルやチャールズ2世などの実力者に知遇を得る環境の下で，数学や統計学にも通じる見識を生かして経済学の研究を遂行し，古典的な重農学派の先駆者となった．主著として，『政治算術（*Political Arithmatic*）』がある．

上に寄与するであろう。

〔中産階級の増大〕　さらに重要なことは，ある程度の経済発展によって国民の所得が向上すれば，所得人口構成が従来のピラミッド型から中膨れのダイヤモンド型へと移行する。ここで登場した多数派のいわゆる中産階級は，民主化を通じた政治発展のための活動に最も活躍する条件をもった人々である。中産階級の増大こそ，発展途上国から先進国への登竜門といえよう。

経済発展の政治的基礎

〔議会制度の成立〕　続いて，経済発展のための政治的要件としての第一を挙げれば，それは国内に存在する種々の紛争を平和的な手段によって解決する手続きの整備という意味での議会制民主主義の確立であろう。現代国家においては，特に経済的な利害関係を源とする紛争が顕著であり，これを武力対決なしに解決するための制度を整えることによって政治的安定を確保し，順調な経済発展を促進するのである。

〔普通選挙制度の成立〕　次に，普通選挙制度の確立は，一般成人の全てに平等な政治参加の権利を付与することを通じて国民階層を平準化し，経済活動を集中的かつ統括的に行い得る政策的な基盤を提供するであろう。また，人々が自らを政治的動物としての国民の一人と自覚することを通じ，当該国家の国民経済の動向に関心をもち，経済的動物としての自覚をも促進させる。

〔文民統制（民政）の確立（📖9）〕　第三に，せっかく蓄積した資本や労働力を浪費しないためにも特に注意すべきことは，そうした貯金が軍事費用が使用されることをできる限り防止することである。軍事費の拡大の是非に関しては諸説があるが，やはり文民統制，または民政の原則を確立し，平和的かつ安定的な経済発展への政策を遂行する素地を整えることは重要であろう。

〔複数政党制の確立〕　また，国内において種々の経済的な利害関係をもつ人々は，自己の関係する利害について最も期待できる政党を支持する権利をもつことによって，これを暴力的な手段を用いて主張する必要がなくなり，政治社会的な安定が実現する。これによって，経済発展は助長されると考えられる。

以上，政治発展のための経済的基礎と経済発展のための政治的基礎に関して

📖：用語解説

⑨シヴィリアン・コントロール（民政）

いわゆる制服組と呼ばれる軍部が，特に政策決定過程に関わる政治活動へ介入することを防止し，国民が軍事に対する主権を確保するために考え出された制度のこと．換言すれば，軍事に対する最終的な決定権が当の軍人本人たちではなく，文民たる国民やその信託を受けている政治家にあることを意味する原則である．ここには，政治の軍事に対する優越や，職業軍人の専門的な意図に対する民主的な政治決定の優越など，現代国家の基本的な原理が投影されているといえよう．

☺：人物紹介

⑧リンス，ホアン（Linz, Juan J.：1926-2013年）

スペインで生まれ，アメリカで活躍した政治学者．イェール大学教授．比較政治学の大御所の一人．母国スペインにおけるフランコ独裁体制への洞察に基づいて，民主主義と全体主義の中間形態としての権威主義体制の概念を提唱し，政治動態論を展開した．主著として，『民主体制の崩壊（*Crisis. Breakdown and Re-equilibration*）』（1978年）がある．

それぞれのファクターを指摘してきたが，次にこれをもう少し動態的かつ一般的に体系化させた分析的枠組を設定してみよう。

政治発展と経済発展の連携理論

〔国家的独立と統一〕 民族や人種が自己の自律性に目覚め，国家という枠組を形成することを通じてその自律性を形象化する行動である。具体的には，強国によって支配されていた植民地が，宗主国の力を跳ね退けて独自の体制を建立することである。

〔権威主義的開発独裁（☺⑧▶p. 177，⑨⑩）〕 国家が独立と統一を完全な形で実現するために，そして，国内の諸利害を乗り越え，傾斜生産方式によって資本，労働，技術などの資源を活用することを目的とした統括力を得るために，一種の独裁政治，すなわち，極度の中央集権化を断行することである。

〔経済成長〕 開発独裁の効果によって，主導経済が誕生し，それに付随しつつ国民経済が拡大していくことである。そして，ある程度の経済成長を実現させた後，国民は生活に余裕をもてるようになる。

〔政治発展〕 経済成長を土台として，効率性を実現した人々が，次に公正性や原生性を求めて活動することである。この段階からは，いわゆる脱工業化社会（📖⑩，☺⑪）といった様相が生起するようになり，したがって，経済だけに縛り付けられることのない社会的動物としての国民が誕生する。

〔先進国化〕 これまでの段階において，経済発展を土台とした民主的政治体制を実現させた国家は，いわゆる先進国として，国民の生活水準の向上が一層実現していくとともに，国際関係における秩序を形成する費用を負担するという新しい役割が課せられることになる。

〔経済停滞〕 先進国としての豊かな社会の実現は，高福祉政策を蔓延させることを通じて逆に皮肉にも国民の労働意欲を減退させ，ひいては国民経済全体の成長率を鈍化させる。そして，先進国の経済停滞は発展途上国への援助を減退させるのである。

📖：用語解説

⑩脱工業化社会

工業化を実現した現代社会が，その次のステップとして到達するであろう社会形態のことであり，産業構造の高度化という次元からいえば，情報，サービス，知識などに関わる産業部門が中心的な役割を果たす社会のことである．ここでは，いわゆる社会主義的な議論でいわれるプロレタリアートの消滅やテクノクラートの登場など，新しい社会現象が一つの潮流を形成することになる（ダニエル・ベル）．

☺：人物紹介

⑨アドルノ，セオドア・ヴァイゼングルード（Adorno, Theodore Weisengrud：1903-69年）

ドイツの哲学者・社会学者．独裁制と民主制の中間形態としての権威主義の概念に関する業績で知られる．主著に，ホルクハイマーとの共作として，『啓蒙の弁証法（*Dialektik der Aufklarung*）』（1947年），『権威主義的パーソナリティー（*The Authoritarian Personality*）』（1950年）などがある．

⑩ホルクハイマー，マックス（Horkheimer, Max：1895-1976年）

ユダヤ系ドイツ人の哲学者．フランクフルト大学で教授，社会研究所所長，学長などを歴任．アドルノらとともに批判理論の論陣を張り，フランクフルト学派の創始者の一人となった．主著に，アドルノとの共著として『啓蒙の弁証法（*Dialektik der Aufklarung*）』（1947年）がある．

⑪ベル，ダニエル（Bell, Daniel：1919-2011年）

アメリカの社会学者，政治学者．コロンビア大学，ハーバード大学の教授などを歴任．専攻は，社会変動論・政治社会学．ポスト工業化社会への洞察を展開した主著『脱工業化社会の到来（*The Coming of Post Industrial Society*）』（1973年）はあまりにも有名である．他に，『イデオロギーの終焉（*The End of Ideology*）』（1960年年）など多数．

2　国内政治と国際政治の交錯

[要点]　本書では，これまで現代政治学を新しい分類基準によって再構成する努力が遂行されてきた。そして，そうした検討の結果政治学と経済学の論理的連携という問題と並んで，国内政治学と国際政治学の一層の論理的連携という課題も導出されることになった。したがって，ここでは後者の課題への挑戦を展開する。なお，すでに付言したように，現代政治学のこの他の課題，たとえば新しい国際政治理論の開発，政治的リーダーシップ論の充実，独裁主義や権威主義の再検討などのテーマについては，筆者の別の書籍に譲るものとする。

(1) アメリカニズムとユーロッピズム

さて，現代政治学における将来的な第二の課題として，国内政治学と国際政治学の連携という問題がある。本書自体は，まさしくこの課題へ取り組んだ研究の一例である。しかし，本書の議論は，単に現代政治学の新しい分類基準を提示し，これに即して種々の理論的な業績を整理したに過ぎないものである。国内政治であれ，国際政治であれ，それが研究の対象とするのがいずれも「政治現象」である以上，そこには相互関連的に共有できる論理がより明確に設定できるはずである。将来的には，国内政治の論理と国際政治の論理をさらに精緻化された統一的なパースペクティブで把握できるような科学的かつ体系的な総合政治学を構築することが期待されるのである。ここでは，アメリカニズム（アメリカン・リベラル・デモクラシー）の意義を論ずる作業を通じて，その試行の一例としたい。

アメリカの覇権体制とアメリカニズム

かつて1980年代にレーガン政権が登場し，いわゆる「強いアメリカ」政策を遂行する（📖⑪）のに伴って，国際政治経済の動態をめぐる学問的な研究は，むしろこうした政策に逆行する形で，米国覇権体制の凋落やパックス・アメリカーナの衰退といった問題を議論の題材として取り上げる傾向をますます強めていった（📖⑫，☺⑫⑬⑭）。「アメリカの覇権力が衰退したのはなぜか」

📖：用語解説

11 レーガンの「強いアメリカ政策」

1980年にアメリカの大統領となったレーガンは，高金利政策と大規模な減税を柱としたレーガノミクスを経済政策面で遂行する一方で，軍事・外交面ではソ連を「悪の帝国」として批判しつつ，これに対抗する強力な軍事力を有する「強いアメリカ」の復活を旗印とした政策を推進した．これによって，中性子爆弾の開発・製造やスター・ウォーズ計画の立案など，国際社会は新たな冷戦の時代へと推移していくことになった．しかし，こうした軍事面における無理な財政負担が蓄積し，結局アメリカは，自国の覇権力衰退という流れを止めることはできなかった．

12 新冷戦

1979年，旧ソ連によるアフガニスタン侵攻に対して，カーター政権下のアメリカはモスクワオリンピック・ボイコットにはじまる一連の強硬な対抗措置を講じることとなった．ここに，70年代を通じた国際関係の構図としての緊張緩和（デタント）は終結し，新たな冷戦の高揚が叫ばれたが，その緊張はカーター政権に続くレーガン政権のスター・ウォーズ計画によって最高潮に達した．しかし，旧ソ連にゴルバチョフ政権が誕生し，グラスノスチ（情報公開）などを中核としたペレストロイカ（自由化政策）が遂行され，冷戦は熱戦とはならないままに崩壊した．

☺：人物紹介

⑫レーガン，ロナルド（Reagan, Ronald：1911-2004年）

アメリカの政治家．アナウンサー，映画俳優を経てカリフォルニア州知事となり，1980年に共和党候補として第40代アメリカ合衆国大統領となる．レバノン，リビア，グレナダ，ニカラグアなどへの軍事介入を積極的に断行し，途上国の反発を受けたにもかかわらず，終始アメリカ国民からの圧倒的な人気を獲得し続けた

⑬ゴルバチョフ，ミハイル・セルゲビッチ（Gorbachev, Mihail Sergeevich：1931-2022年）

旧ソ連の政治家地方党委員会第一書記，党中央委員会書記，党中央委員会政治局員などをスピード昇進した後，1985年にチェルネンコの後を継いで書記長に就任し，ソ連の最高指導者となった．グラスノスチ（情報公開）に代表されるペレストロイカ（開放政策）を断行し，ソ連の自由化・民主化の立役者として活躍の後，1989年には米大統領との歴史的なマルタ会談を実現し，冷戦を終結させた．

⑭サッチャー，マーガレット（Thatcher, Margaret：1925-2013年）

イギリスの政治家．弁護士を経て保守党下院議員となり，教育・科学担当大臣などを歴任した後，1979年の選挙での勝利により首相に就任した．一貫した保守主義路線を踏襲し，マネタリズムに基づく経済政策と対ソ強硬政策を推進し続けた．また，アルゼンチンとのフオークランド紛争における毅然とした対応から「鉄の女」とも称され，大英帝国最後の輝きを演出した女性でもあった

「覇権国の軍事力や経済力の衰退と覇権体制との因果関係はいかなるものであるのか」「覇権力の構成要素の本質とはなにか」などの問題に対する膨大な研究成果の蓄積がそれである。

実際，80年代の10年間を通じて，アメリカ政府およびアメリカ国民は，他国を寄せつける兆候さえ見せることのない圧倒的な国力を有していたかつての古き良き時代への回顧の念を一気に発散させ，政治，軍事，経済，文化などのあらゆる側面において自国の力の復活を誇示しようとし，その壮大なパーティの最後の総仕上げとして湾岸戦争を戦った。そして，その結果アメリカが得たものは，当時の日本に対する１兆ドルの借金であったといって良い。その後，アメリカはブッシュ（父），クリントン，ブッシュ（子），オバマと続く柔軟路線を経て，トランプ，バイデンの強硬路線へと外交の舵取りを遂行しているが，アメリカがかつて20世紀に覇権国として圧倒的な国力を誇った時代は再来することはなく21世紀の今日に至っている。

ところで，1990年代に入って以後は，アメリカの覇権力の衰退という現象はむしろ与件とされ，いわゆる「冷戦体制崩壊後の新しい国際政治経済秩序の模索」という研究課題が強く認識されるようになった。「アメリカに代わるヘゲモンは存在するのか」「先進諸国の国際協調による共同統治という形が良いのではないか」「では，そうした活動を管理する制度的手続きはいかなるものであるべきなのか」などの問題設定がそれである。もちろんこうした問題意識それ自体は，いわゆる社会科学の重要な今日的課題として認識されるべきものではあったのだが，しかし多くの研究は，アメリカの覇権力を構成する物理的な要素，すなわち軍事力や経済力などの「目に見える力の衰退」という現象を考察の題材として議論の中心に据え，そこに，体制や秩序の根底に流れる思想や哲学などの「目に見えざる力の衰退」という現象を据える学問的な試みは非常に少なかったといえよう。

すなわち，むしろ我々にとって重要なことは，アメリカのヘゲモニーの衰退という現象は，それがアメリカ自身の力の衰退によって成されたものであれ，また，ライバルの台頭といったアメリカを取り巻く環境の変化によって成されたものであれ，単なる現実的な意味における「20世紀的国際秩序の枠組の終

📖：用語解説

⑬社会思想の正当性付与機能

いかなる体制といえども，正当性をもたずしては，それ自身の形態の持続的な維持や発展は不可能であり，自己が描く体制の完成は得られない．また，同時に，その体制を物理的に擁護していくだけの実力がなければ，それは体制として機能しえない．重要なことは，力とともに正当性が必要であるということであり，いかに強力な力を有していても，それをいかなる方向にどのような使い方をするのかという問題に関するある程度の普遍的な根拠がなければ，そこに体制を構築することはできないのである．すなわち，ここでは，「何を目指して行動しているのか」という理由づけが重要なのである．逆にいえば，たとえある種の独裁主義的ないしは権威主義的な傾向をもった社会体制であっても，それが体制として機能している限りにおいては，そこには何がしかの正当性――国民の支持を得られる思想的な裏づけが存在しているといえる．

⑭文明思想と体制思想

たとえば，自由主義，民主主義，産業主義などのように，社会に対する根源的な考え方を規定し，時間的かつ空間的な差異や相違を超越して人々に共有される価値観の基礎（文明観）は文明思想である．これは，19世紀にはヨーロッピズムとして顕在化し，20世紀にはアメリカニズムとして伝播した．しかし，より実際的な意味における社会のあり方に関する具体的な政策論（体制観）は，こうした共通の文明観の下にあってもなお，時間的かつ空間的な個性を体現する別々の概念として登場することになる．すなわち，文明思想よりも次元を一段下げたところに構築されるであろう体制思想である．同じように自由民主主義という理念の実現を目指す目的意識に規定されてはいても，より具体的な社会体制のあり方という問題に下がってくれば，ある場所や時代においては資本主義という型式を取るやも知れず，また別の場所や時代においては社会主義という型式を選択する場合もある．自由民主主義と同時に社会民主主義が存在するのはその事例である．その意味では，すべての社会体制は「混合体制」であるという考えは真理であろう．いずれにしても，資本主義であれ社会主義であれ，それは一様に自由民主主義を親とする性格を異にする兄弟なのである．なぜならば，体制思想は文明思想の申し子だからである．

焉」という意義だけにとどまらず，その根底にあるところの観念的な意味における「20世紀的文明思想の枠組の終焉」ということを意味しているということに他ならない。それは文字通り，アメリカという覇権国が一つの「模範」として体現し，実践し，賞賛し，布教し，また，それ以外の諸国がある時は積極的に，また，ある時は消極的に受け入れつつ模倣してきた，社会体制の枠組の形態に関わる思想や哲学やイデオロギーの終焉である（📖13 14 ▶ p. 183，15）。

国際社会であるか国内社会であるかを問わず，いずれの社会体制もまた生命の起源と同じく自然発生するものではない。それは，あるいは特定の，またあるいはより一般的な人々によって共有されるところの何らか「ヴィジョン（構想）」によって構築されるものである。そして，そうしたヴィジョンを生み出すものは，社会という存在に対するその時代に生を受けた人間たちの**「思想」**であり**「哲学」**であり**「イデオロギー」**である（📖16）。重要なことは，体制を作り出す現実的な力量とともに，その力をどのような方向に用いていかなる形式の体制を作り出すのかという設計図であり，その設計図が描き出す理想の社会が，どれだけ他者もしくは他国の支持を得られるのかという問題なのである。

ところで，20世紀におけるアメリカの覇権力による国際秩序にヴィジョンとしての枠組を与える根底にあった思想は，いわゆる「アメリカン・デモクラシー（アメリカ型民主主義）」「アメリカン・リベラリズム（アメリカ型自由主義）」「アメリカン・インダストリアリズム（アメリカ型産業主義）」などに他ならなかった（📖17 ▶ p. 187）。これらを総称していわゆる「アメリカニズム」と呼ぶならば，現代は，20世紀の100年間を通じて普遍的に歴史における妥当性と諸国の支持を獲得し続けてきたこのアメリカニズムの終焉の時代である。では何故こうしたことになったのであろうか。そして，次の時代に必要とされるヴィジョンや思想とは一体どのようなものであろうか。ここでは以上のような問題意識に基づいて，米国覇権体制の凋落という国際政治経済的な現象を，その背景にあるアメリカニズムと呼ぶべき社会思想的な側面から検討し，国内政治学と国際政治学の連携という現代政治学における課題の一つに挑戦する（📖18 19 ▶ p. 187）。

📖：用語解説

⑮思想・ヴィジョン・体制・文明の輪理的相関図

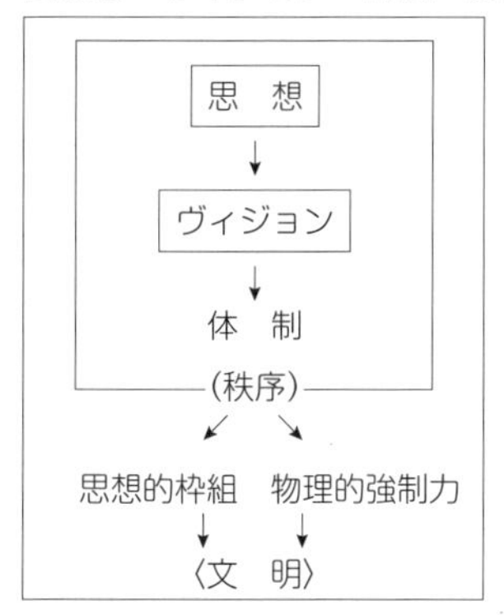

左図に示されているように，ものごとに対する基本的な考え方としての「思想」は，社会に関する構想としての「ヴィジョン」を形作り，それに基づいた方策の実行によって社会の秩序たる「体制」を実現するための努力が遂行される．さらに，その「体制」は，現実社会における経験を通じて「物理的強制力」とともに再び「思想的枠組」によって強化されつつ，「文明」を構築していくことになる．そして，このような過程は国家の枠組の内部たる国内社会だけに限ったものではなく，国際社会においても妥当するものである．たとえば，20世紀の「文明」はいわゆるアメリカニズムに相当するものであるが，そこではまず，アメリカ流のプラグマティズム（実践主義）に代表される思想を基盤とした自由主義的かつ民主主義的および産業主義的な国際社会に対する「ヴィジョン」が生み出され，これに基づき世界における自由・平等・経済力の主役たるアメリカを中心としたパックス・アメリカーナたる現代的な「国際秩序（国際体制）」が構築された．さらに，こうしたアメリカの力による「秩序」もしくはアメリカニズムによる「体制」は，さらなるアメリカニズムの思想的枠組と世界に冠たるアメリカの圧倒的な政治・経済・軍事の国力によって補足・強化され，現代を通じた文明のフレーム・ワークを形成していくことになるのである．

⑯イデオロギー・哲学・思想

一般に，哲学とは，あらゆる仮定や先入観を退けた状態にあって，ものごとの根本原理を考察した人間の考え方を意味しており，思想とは，ものごとに対してもつ人間の社会行動のしかたを決定するまとまった考えを意味している．また，イデオロギーとは，ある人間がもっているその人間の社会的歴史的な立場や経験から作られた考えという概念規定を有している．どれも人間の思考を表現する概念であるという点では共通の意義をもっているが，敢えて論理的な意味の優劣をつけるとすれば，まずは哲学がはじめにくるであろう．しかし，これを時間的な意味の優劣に置き換えるならば，かえって思想やイデオロギーが先行し，こうした社会経験に基づいてその人間の哲学が形作られていくという道筋も，大いに現実妥当性を有する見方かも知れない．いずれにしても，本書において筆者は，イデオロギーという概念がもつ現実性と哲学という概念がもつ抽象性の双方にまたがる融通の効くものとして思想という概念を位置づけており，むしろ政治学の学習においてはこうした融通性は重宝であるとの認識を得るものである．

アメリカニズム

19世紀における支配的な社会思想であったユーロッピズムをより普遍的に発展させた新しい体制の枠組としてのアメリカニズムの思想と，それが引き起こす現象的な特徴の第一は，経済的自由と経済的平等の観念が政治的な自由や平等とともに人々の間で達成されるべきものとして明示的に認識されたことである。ユーロッピズムがその背景に精神的な概念を重視する傾向をもっていたのに対して，20世紀的な文明思想はより現実的かつ物質的な概念を重視する傾向をもっていた（📖[20][21] ▶ p. 189，[22][23] ▶ p. 191）。こうした思想の論理を支えたものは，現実社会における政治の主役としての「大衆」の登場である。大衆が社会の主役となる状況においては，従来において特定の限定された人々によって独占されていた社会的諸力の源泉がより一般化し，平準化し，伝播し，安売りされるようになる。大衆が政治的権利の次に求めたものは，経済的な機会と成果における他者と同じような自由と平等であり，新たに独立を達成した国々がその独立という政治的利益の後に追求したものは，経済発展の享受であり，国民の生活水準の向上であった。そして，それはまさしくアメリカという国において実現されているものに他ならなかった。さらに，理性の仮面と倫理の呪縛を剝ぎ取り，それを達成してくれる可能性のある論理を有し，また，それを達成する正当性を自分たちに付与してくれる思想としてのアメリカニズムを支持し，アメリカを憧れの国として，また，自分たちのリーダーとして認めたのであった（📖[24] ▶ p. 193）。

しかしながら，政治的な自由と平等をある程度達成した成果の上にこそ実現されるべきこうした経済的な諸権利は，時代の推移とともに，むしろそれ自体が究極的な目的合理性をもった概念として人々に認識されていくようになり，かえって政治的権利をより高次のレベルで達成・維持するという目的を超越し，「経済優先」「経済至上主義」の風潮を広い範囲で諸国民の間に急激に伝播していく結果をもたらすことになった。それは，まさしく経済の豊かさによって本質的な問題が隠匿される社会の登場を意味する現象であった。

📖：用語解説

⑰自由主義・民主主義・産業主義

現代の国内社会や国際社会における体制のヴィジョンを生み出す思想的背景として重要な概念は，一般に「リベラリズム（自由主義）」「デモクラシー（民主主義）」「インダストリアリズム（産業主義）」と呼ばれる三つであろう．これらの思想は，いわゆる近代国民国家が成立し，国際関係というシステムが確立して以後，特に産業革命後の近・現代の歴史において，広く社会的価値観を規定するのに寄与してきた思想であり，いわば人間が自己が生息する社会において実現すべきものとして活躍してきた思想なのである．アメリカニズムを考える場合にも，そうした覇権国が唱えた体制や文明のヴィジョンを生み出す根拠として，これらの思想が有用であろう．たとえば，インダストリアリズムとは，一般に「産業主義」と訳される概念である．産業主義の思想は，産業革命後の長い潜伏期間を経て20世紀初頭に開花し，今世紀を通じて数多くの人々や国家に広く受け入れられてきた価値観である．したがって，その生誕や拡大のいきさつについては，フォード自動車の生産哲学やケインズ主義的な経済政策，また，大量生産と大量消費物質主義といった諸概念と合わせて論じられることが多い．産業主義の思想の核心は「経済的な合理性」である．それは経済活動の成果を通じた社会の繁栄を実現することに対する積極的な評価であり，モノの力によって社会の発展と合理性を獲得するべきであるという考え方である．いずれにしても，これらの思想の組み合わせ方や，また，そうした組み合わせ方の相違からくる表現形態の相違は，それぞれの国家や国際関係などの人間社会に関する体制や文明の形態を規定することに影響を与え，その枠組の根本的なヴィジョンを提供してきたのである．

⑱政策論としての資本主義と社会主義

「資本主義」や「社会主義」といった思想は，三つの根源思想の具体的な実現形態に関する思想であり，より実際的な政策形態に関する思想である．ここでは，資本主義にしても社会主義にしても，いずれの体制においてもリベラリズム（自由）やデモクラシー（平等）を現実的に実現するための方策が論じられているのであり，その意味で，これは「理念」というよりも「政策論」に近い議論である（⑪参照）．

⑲文明の形態としての社会体制・国際秩序

社会体制や国際秩序は，その場の状況を組織化し，さらに制度化して機械的な意味におけるシステムとしてまとめ上げた結果というだけでなく，より観念的な意味を含んだ文明の形態という意義をもっている．したがって，問題は思想である．これは，19世紀のイギリスを中心とするヨーロッパ諸国の力による国際秩序においても，また，20世紀のアメリカの力による国際秩序においても同様である．したがって，覇権体制の凋落とは，覇権国の現実的な力，たとえば，軍事力や経済力の衰退であると同時に，その覇権国が唱え，標榜してきた価値観や思想や哲学に裏づけされたヴィジョンの歴史的な妥当性の低下であり，そのヴィジョンに対する他の諸国からの支持率の致命的な低下を意味しているといえるのであり，それはひとつの文明の終焉を意味するものに他ならないのである．

▒フォーディズム

第二には，いわゆる**フォーディズム**と**ケインズ主義政策**の意義を挙げる必要がある。フォード自動車の創始者である**フォード**（☺⑮ ▶ p. 195）によって開発された生産様式は，生産工程における徹底した分業を基盤としたオートメーション・システムによって人的および物的な生産コストの低下を実現し，自動車という商品の性格を金持ちの贅沢品・嗜好品から大衆の生活必需品へと移行させた。商品革命である。フォーディズムがもつ重要な意義は，このようにその低価格化の実現を通じて自動車という商品を多品種少量生産から同品種大量生産の対象と成し得た点にある。今に残る伝説のT型フォードはその典型であった。しかし，経済活動としての「大量生産」を可能とするためには，その大前提としていわゆるその生産された商品を購買してもらえる見込み，すなわち「大量消費」の土台が整備されていなければならない。フォーディズムの最も重要な意義は，大量生産によるコストの削減＝利潤の拡大という成果を，従業員＝大衆に還元し，これらの人々を商品購買が可能な「消費者」として育てた点にある。これによって，大量消費に支えられた大量生産が可能になったのである。そして，このフォーディズムの生産手法は，大量生産と大量消費という産業哲学の温床となり，アメリカの他の産業分野のみならず，20世紀のあらゆる諸国の産業化のテキストとなり，いわゆるアメリカン・インダストリアリズムの論理的な核心として伝播していくことになるのである。

▒ケインズ主義

大衆を商品購買力のある消費者として再生させ，それが生み出す有効需要を基に資本主義経済を活性化させようという論理を政策的に提唱し，具現化したのがケインズ主義政策である。ここでは，停滞した国民経済を活性化させるために政府が公共投資の拡大を基軸とした財政金融政策を通じて民間の経済活動へ介入し，さらに，福祉政策や社会保障などの社会厚生的機能を果たすことによって国民の所得水準と消費支出を増大させ，それを企業の利潤拡大や設備投資の増大へと結び付けようという政策が展開されるのである。アメリカのニュー・デイールや日本の高度成長など，こうした論理によって説明され得る事象

📖：用語解説

⑳政治的自由と政治的平等

ユーロッピズムの意義としては，第一に，政治的自由と政治的平等という概念を，諸国民が獲得すべきものとして理念的に一般化したことである．従来，政治的な権利を付与されず，政策の意思決定への参与を制限されていた市民階級が政治的な自由と平等を獲得する理念的な背景となったこの思想は，19世紀を通じて各国に拡大・深化し，世界に先駆けて最も文明的に進んだ地域としてのヨーロッパを形成する温床となった．特に，他国に先んじた産業革命による経済力の優越性を獲得したイギリスは，それを保守するための自由貿易主義政策を提唱し，この思想を国際システムの制度的枠組としても拡大させ，自由民主主義の思想は国境を越えて世界に普遍的な文明思想として普及していったのである．しかし，それは政治的領域に限定されたものであり，その適用範囲も特定の一部帝国主義国家の国民に限定されたものであった．

㉑市民社会と精神主義

ユーロッピズムにとって，精神主義という概念は重要である．政治的な自由と平等の獲得という目的意識は，多分に精神的な要素を重視するという傾向をもった思想だからである．すなわち，それは精神的な豊かさや生活を大切にするという思想であり，また，物質的な豊かさやモノの豊富さを求める思考に先んじる温床となる思想である．一国の進化は，自国の独立を完全に獲得していなければ達成することは無意味であり，また不可能である．これと同様にして，個人もまた自ら思考し，選択し，行動する自律性をもった主体でなければ，いくらモノの豊かさを獲得しても人間として本質的に健康で文化的な生活を実現することはできないのである．このような概念が広く伝播した理由は，政治社会の当事者が大衆ではなく市民階級であったからに他ならない．市民は，大衆とは異なる「節度と教養と財産のある人々」である．このような人々にとっては経済的な自由や平等は要求する必要がないものであり，また，彼等自身の内面における理性と教養の力によって生まれる節度心が自己の利己心の際限のない解放を自動的に制御していたというわけである．19世紀は，そうした市民が社会の主役であった時代なのである．

は，20世紀の経済社会をめぐって無数に存在するところのものである。そして，このケインズ主義政策の論理は，先進諸国における資本主義社会の再生と第三世界諸国における経済的離陸という歴史的な意義をもった経済政策の哲学となり，フォーディズムといういわば「民間の論理」と並ぶ「公的な論理」として，アメリカン・インダストリアリズムを支える一方の旗手となり，世界の国々の経済政策のテキストとして布教されていくことになるのである（📖25▶p. 195，☺⑯▶p. 195）。

しかしながら，フォーディズムにしろ，ケインズ主義政策にしろ，それが国内の経済を刺激して「カンフル注射」としての乗数効果を発揮し，実質的に国民経済が立ち直ることにつながるかどうかは，それが貿易収支の悪化を是正して外貨の獲得を実現できるか否かにかかっている。仮にそうでない場合には，こうした政策は，単に倒産寸前の企業が借金をしてお祭り騒ぎをしただけに過ぎないのと同じ結果を生むのである。したがって，それは結局のところ，アメリカと一部の先進諸国においてのみにある程度の普遍性をもった文明思想として機能し得る論理だったといえる。

かつての覇権国であったイギリスが提唱した自由貿易主義政策は，結局のところ，覇権国であるイギリスの既得権益を保護する意義をもっていたために，それに反発する帝国主義を生み出した帝国主義は，同様にして，先発国の既得権益を固定化する意義をもっていたために，それに反発する国々との戦争を生み出した。フォーディズムやケインズ主義政策に彩られたアメリカン・インダストリアリズム，そして，その論理によって支えられたアメリカニズムも，アメリカが自ら実践者として模範を見せつつ，同時に，他国の生産した商品の引き取り手（アブソーバー）としての役割も果たせるほどの強大な国力を有している間は普遍的な文明思想の枠組としての歴史的妥当性と他国の支持を獲得し得た。しかし，いかなる国のいかなる時代の国力も，その体制維持コストの増大という論理から考えて必然的に衰退するものであった。

平準化とモノによる平等

第三に，社会の様々なレベルにおいて実現された諸国民の平準化と，いわゆ

📖：用語解説

㉒後発性利益の反撃とイギリスの覇権の凋落

イギリスの物理的覇権力は経済力と軍事力の双方における卓越性というものであったがその優位性崩壊の最大の理由は「後発性利益」の反撃である．すなわち，イギリスに遅れて産業革命を遂行し追いかけてきた国々が，イギリスによって開発された技術や手法をより合理的に利用しつつ保護貿易主義政策を楯として自由貿易体制を駆逐し，その優位性を相対的に崩壊させたのである．さらに，それらの後発国はイギリスによって独占されていた海外植民地の獲得にも積極的に乗り出して自ら帝国主義的利益を産出する国力を身につけるようになり，これと並行してその軍事力も拡大させていくことになったのである．重要なことは，イギリスの物理的覇権力が旺盛な間は文明思想としてのユーロッピズムに内包されていた弱点が完全に表面化することは避けられていた．問題は，物理的覇権力が衰退し，さらに第一次世界大戦のような大きな歴史的変動を経ることによって，そうした思想の論理的な弱点がより一層明確化され，これを隠匿することができなくなったということである．ユーロッピズムは，その意味でイギリス覇権体制の終焉とともにその体制思想としての役割を終えることになり，アメリカの覇権に支えられたアメリカニズムへと移行していくことになるのである．

㉓ユーロッピズムとアメリカニズム

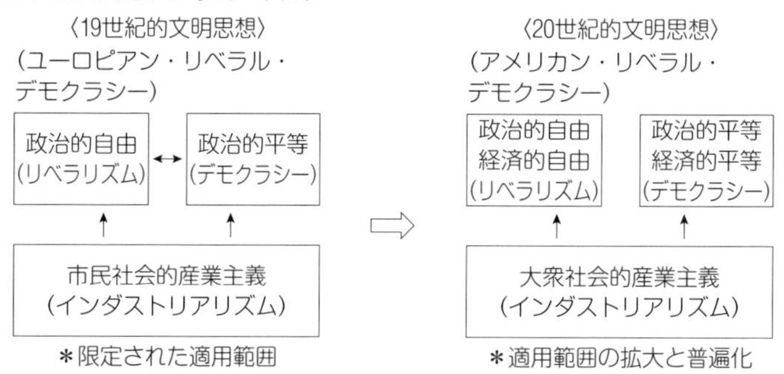

上の両図に示されているように，19世紀および20世紀の文明とも，いずれも「リベラリズム」と「デモクラシー」を基盤とするものである．しかし，各々の時代の社会状況の相違がそのまま思想内容の相違として反映されている．前者（左図）は，ヨーロッパ諸国の「市民社会」を土台としたものであり，後者（右図）は，アメリカの「大衆社会」を土台としたものである．「市民」とは，財産と教養のある人々であり，理性に基づく行動原理を有する独立した個人である．しかし，「大衆」は財産も教養もない人々であり，理性よりも感情に基づいて行動する集団である．こうした事情によって，20世紀の文明思想は，19世紀のそれよりも経済の要素を全面に出しつつ，出生国たるアメリカに限定されることなく全世界に伝播していくことになったのであり，これに対して19世紀の文明思想は，すでにある程度の経済発展を達成していたヨーロッパの先進諸国にのみ適用される限定的なものだったわけである．

るモノによるデモクラシーの達成という理念の一般化である。国民経済や国際経済のシステム化とその成果の享受は，次第に各国における諸国民の所得水準と生活水準の向上をもたらして生活様式の本質自体をも変化させた。また，経済に関わる問題を政治問題と同等もしくはそれ以上に趣向ある対象物として認識させ，むしろ政治的な問題すらも経済の要素によって調整・解決していくという観念や発想を発達させることになった。それは大衆社会の要素を土台とし，ある程度の政治的な自由と平等の獲得，それに加えての経済的自由と平等の達成という社会の構造的な変化がもたらす必然性をもった現象であった。ここに，産業主義の論理に支えられた経済的な自由競争の論理は，民主主義という，すぐれて政治的な課題をも包括する概念として認識されるようになったのである。

こうして世界中の諸国民は，いわゆる「コカコラニゼーション」の波の下，余裕ある敷地の一軒家，整備された家電製品，家族との団らん，マイカー，長期の余暇，豊かな食生活，選択幅の広いメディアなどに代表されるアメリカン・ライフ・スタイル，すなわちアメリカ的生活様式の獲得に憧れ，これを達成することを目指した。第二次世界大戦後の日本人を引き合いに出すまでもなく，戦勝国，戦敗国，第三世界，そして後には社会主義諸国でさえも，諸国民は皆一様にしてこうした文化的なライフ・スタイルの実現を目指し，政治活動ではなく経済活動に努力とエネルギーを注入したのである。そこには，19世紀以前の文明思想における顕著な論理的特質であった精神主義の要素はほとんど見当たらない。

しかしながら，このような生活様式の実現は，人々の間に政治的に「独立した個人」としての自覚よりも他者と画一化され平準化された「大衆の中の一存在」としての意識を培養し，その政治的動物としての自己認識能力（政治意識）とバイタリティを低下させることとなった。さらに，すべての人々に自由かつ平等な経済活動の機会と経済的利益の成果を享受させねばならないという遠大な使命を帯びた政府の役割は次第に増大し，事実上，達成不可能なその使命を持続的に遂行していくために財政は圧迫され政治家は虚実おり混ぜた公約を掲げ，そのような行政活動に対する大衆の信頼は徐々に低下していくことになるのである。そしてそれは，近年のテレビ番組にも代表されるような，政治

📖：用語解説

㉔資本主義体制と社会主義体制の思想的背景

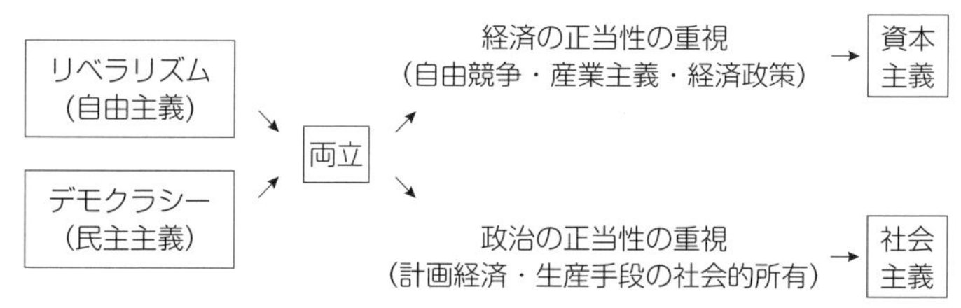

上図において示されているように，「資本主義」と「社会主義」とは本来の出自を同じくするものである．両者はともに，「リベラリズム（自由主義）」と「デモクラシー（民主主義）」を両立できる社会の実現を目指した体制思想（文明思想よりも一段下位の思想）だからである．図の左側から右側へ流れる過程において，リベラリズムとデモクラシーを両立させる場合に，「経済の正当性」たるリベラリズムに重きを置く（平等よりも自由を重んじる）と「資本主義」の体制思想に至り，「政治の正当性」たるデモクラシー（自由よりも平等を重んじる）と「社会主義」の体制思想に至ることになる．重要なことは，双方ともに自由と平等の実現を目指した体制思想であるということであり，また，これらの体制思想はいずれも同一の文明思想（自由主義・民主主義・産業主義）を基盤としているということである．

や経済の公的な側面だけではなく，必然的に人々の一般生活にも影響を与え，大衆消費文化の底知れない「低俗化」をももたらすことになったのである（📖26 27 ▶ p. 197）。

最後に，アメリカの物理的な覇権力の効用である。これは，経済力やそれを土台とする軍事力，技術革新，さらには人的資本の力が相対的かつ絶対的に他国を圧倒する質量を有していたということであり，これを実質的な背景として，アメリカは世界中に自らが唱える思想としてのアメリカニズムを伝播させ，布教していったのである。重要なことは，アメリカ自身のみならず，むしろ他の多くの諸国も自ら進んで積極的にこの思想を自己の社会体制を支える思想として受け入れていったという事実である。この要素があってこそ，アメリカニズムはアメリカ型体制思想の枠組を越えて，より普遍的に「文明の思想」として拡大・深化していったのである。しかし，かつての時代の覇権国が必ずそうであったように，こうした物理的な力を永久的に維持することはその体制維持コストの負担増という要素から考えて事実上不可能なことであった（📖28 ▶ p. 199）。

（２）アメリカニズムの限界

さて，アメリカニズムは，アメリカの覇権体制の確立に伴って世界中に波及していく過程で，各国の国民の生活様式や国際関係の動向に少なからぬ影響を与えこれを規定していった。しかし，この思想には論理的に重大な問題点が内包されていたのであり，それが生み出すヴィジョンに基づいた諸政策の結果，社会体制や国際秩序の諸側面において種々の社会問題が露呈されることになった。それは，まぎれもなくアメリカニズムという思想がもつ理念の限界であった。こうした問題は，アメリカの物理的な覇権力経済力や軍事力が旺盛な勢いを保っていた時代には，ある程度その発現を抑制することが可能であったが，それが衰退するのに伴ってより顕著な現象として認識されるようになり，今やその状況は恒常的なものとなっている（📖29 ▶ p. 199）。

ところで，19世紀的なユーロッピズムは政治的な自由平等の実現を主たる目的として開花した文明思想であったが，その結果として，20世紀における大衆社会の到来という現象変化を生み出した。政治的な諸権利の普遍化は，その過

📖：用語解説

㉕ヒトラーのアウト・バーン建設

こうした政策の事例は，アメリカにおけるフォード自動車やローズベルトのニュー・ディールだけではない．敢えて一例を挙げれば，ヒトラー政権下のドイツにおいても，ポルシェのデザインによるフォルクス・ワーゲン・ビートルの開発やアウト・バーンの建設といった政策介入によって失業問題へ対処した経緯があり，これが少なくとも短期的には，一応の成果を収めた事実が存在している．異なるのは，アメリカの場合にそれが貿易利益と結び付いたのに対して，ドイツの場合にはそれが国内的な経済の喚起にとどまった「見せかけの繁栄」であった点である．そこに残ったものは，単なる赤字財政の借金であった．

㉖人間の知識欲

いうまでもなく，人間は，自己の目的実現のために生きる動物である．その目的は，人間の欲望によって生まれるものである．人間の欲望とは，本質的には，他者にも自分にもないもの，また，他者にはあって自分にはないものを欲しがる心理である．かつて政治的な自由や平等というものは，皇帝や貴族などの一部の特権階級にのみ享受されていたものであった．まず，人間はこれを獲得することを目指した．次に，資本家たちにだけ独占されている財産や高い生活水準を獲得することを目指した．人間は，この欲望もある程度実現することができた．そして，現代は，学者や文化人にのみ独占されている知識，芸能人にだけ修得されている歌唱や演技の技術など，様々な分野における教養がその欲望の対象となっている．

☺：人物紹介

⑮フォード，ヘンリー（Ford, Henry：1863-1947年）

アメリカの企業家，実業家．自動車メーカーであるフォード・モーターの創始者．苦学してエジソン研究所の研究員となった後，1903年にフオード・モーターを設立した．1909年には，有名なＴ型フオードの開発・販売に成功し，その徹底した大量生産と大幅な価格低下を通じて，お金持ちの嗜好品であった自動車を大衆の生活必需品として位置付ける偉業を成し遂げた．また，ベルトコンベヤーを採用した流れ作業の形式を生産工程に取り入れ，フオードシステムと呼ばれる大量生産方式を開発した

⑯ローズベルト，フランクリン・デラノ（Roosevelt, Franklin Delano：1882-1945年）

アメリカの政治家，弁護士．ニューヨーク州上院議員同知事を経て，合衆国第32代大統領となった．大恐慌を克服するために，アメリカ経済の救済，復興，改革を目指した．大規模なニュー・ディール政策を遂行するとともに，第２次世界大戦で連合国側が勝利することに貢献した．

程で従来の社会においては無視されてきた階層の人々にそれを付与するという行動を必然的に遂行したからである。したがって，20世紀のアメリカニズムは，この政治的な意味における社会の主役であり，同時に政策的な審判官としての大衆というものの扱いをその論理の中に合理的に包括しなければならない宿命をもっていた。問題の一つは，この大衆という怪物の行動様式に由来するのである。

すなわち問題の第一は，いわゆる政治的無関心という現象である。大衆は社会における政治的動物としての活動の結果，世論を形成する。この世論は，民主主義社会においては行政担当者が政策的な活動を展開する場合の指標となるものであり，同時に，その政策の是非や効果の測定を行う重要な判定基準である。民主主義社会においては，いかなる政治家といえども世論をまったく無視した政策を遂行できないのである。しかし，この世論というものは，いわば人間集団における多数者の意見を具現したにすぎないものである場合も多く，それ自体の論理の中に政策の正当性や効果の正確な判定が成し得るという能力や根拠をもたないものである。それは単に，「みんなが良いというから良い」という危険な論理である。

加えて，世論を形成する大衆は，社会を構成する自分たちの絶対数（人口）が多くなればなるほどそこで公共財に対するフリーライダーならぬいわば政治的な「ただ乗り」を行うようになるという心理構造をもっている。すなわち，「自分が行かなくても誰かが投票するだろう」「自分が主張しなくとも他の人がやってくれるだろう」「あの人も行かないので自分も行かない」といった政治的動物としての主体性のない人間たちの横行である。さらに，そうした他者依存型もしくは「他人志向型」の活動を正当化するための「棄権する権利」や「社会と関係しない権利」といった排他的な思考様式も発生する。このような主権者たるにふさわしくない政治意識の一般化には，経済的な平準化や専門的な技術よりも平均的な技術の重視といった20世紀的なインダストリアリズムの思想が深く関連しているといえる。

さて，大衆を「政策の審判官」として認識したアメリカニズムは，これを経済的には，20世紀的なインダストリアリズムの思想を媒介とした「消費者」と

📖：用語解説

27経済の時代から知識・教養の時代へ

近年の現象変化の一例として，経済の時代から知識や教養の時代への転換という人々の意識変革が起こったことである．まず，社会変動の起爆剤としての革命を通じて政治的権利としての自由や平等を獲得し（19世紀），次に，産業主義に基づく経済発展を通じて経済的権利としての自由や平等を獲得した（20世紀）大衆が，次の時代に望むものは，知識や情報へのアクセスに関する機会均等を通じた他者からの評価や名誉，教養の自由や平等に他ならないであろう．しかしながら，これらのものを大衆に対して完全な形で平準化することは，いかなる現代国家や国際組織による政策的な配慮を施しても不可能である．また，ここで欲せられている知識や教養などの概念には，日本の場合に限らず，多分に「ファッション」としての意義も含まれている．

して位置付けることを通じて，政治的な意味と同様の社会の主役として，また同時に，商品経済の審判官として扱うことによって包括していくことになる。問題の二つ目は，この部分に由来する。

すなわち問題の第二は，いわゆる物量主義という現象である。インダストリアリズムの思想に裏づけされた徹底した産業化政策の推進は，その結果として社会における広範な大衆レベルの経済的な平準化や生活水準の向上という現象を生み出した。大衆は社会における政治的な主役であると同時に，経済的な主役にもなったのである。すなわち，企業が商品開発を行ったり政府が経済政策を遂行する際に，この政治的および経済的な主役である大衆の需要動向を完全に無視して活動するということが不可能になったのである。したがって，ここに大衆は有効需要のカギを握る消費者として，社会における経済的な主権をも獲得した（📖30 ▶ p. 201）。そして，この消費者という概念を生み出したことこそ，アメリカニズムという思想がもつ，それ以前の文明思想と袂を分かつ重要な特徴なのである。

ところがこうした大衆は，その思考様式としては，いわゆる政治的無関心と経済至上主義の傾向をもっている。経済至上主義の思考とは，「モノ」優先の思考であり，「モノの豊かさ」によってあらゆる社会の問題へアプローチをしてこれを解決していこうとする政策志向をもつ思考様式・生活態度である。また，同様にして供給側の企業としては，顧客としての大衆が望むものであればいかなるものでも商品として取り扱うという思考が生まれ，その商品に道徳や理性の要素は不必要となるのである。そんな悠長なことを考えていては，他社との熾烈な競争（リベラリズム？）に負けてしまうからである。すなわち，ここでは「モノが豊かであれば良い」という考え方が横行するのである。そこにあるのは「物量信仰」であり，精神の自由や感性の豊かさといったことを重視する態度が次第に薄れてゆく状況である。換言すれば，それは「思想の没落」の過程に他ならない。したがって，このような現象の露呈は，当該文明思想の枠組の歴史的妥当性の衰退を最も顕著に表す傾向といわざるをえない。それは，まさしくアメリカニズムがその文明思想としての役割を終える兆候としての致命的な症状である。

📖：用語解説

28イギリスの物理的覇権力

イギリスの覇権体制を支えた物理的な国力については，一般に産業革命の先頭を切った先進性に基づく工業力に支えられた経済力や技術力と，七つの海を支配したといわれる卓越した海軍力に基づく植民地支配の利益との結合によって獲得されたものであるといわれている．植民地からの安価な原材料と豊富で低廉な労働力の獲得に裏づけされた工業製品は，保守的な意図に基づく自由貿易主義政策を通じてイギリスの国富を増大させていった．他の諸国がいずれもイギリスより遅れた技術力しかもちえないために，自由主義的な貿易を徹底させれば，それはリーディング・エコノミーとしてのイギリスに最も利益を及ぼすからである．また，軍事的には，基本的に陸軍国である大陸ヨーロッパの諸国の利害調整を，それを取り巻く海軍の力を背景として遂行したというわけである．加えて，この強力な海軍力は，さらなる新しい植民地の獲得にも寄与したのである．重要なことは，この時代には，覇権国であるイギリスが基本的にはヨーロッパの国々だけを対象とした役割を果たすことによってその覇権体制を維持することができたという事実である．しかもその覇権国としての役割は，原則として大陸ヨーロッパ諸国間のいわゆる「勢力均衡（バランス・オブ・パワー）」の状況を維持するためのバランサーとしてのものであり，今日，20世紀のアメリカが果たさねばならなかったような全世界を舞台とした膨大なエネルギーを浪費するリーダーとしてのやり方とはまったく異なる方法であった．アメリカは自らの覇権時代を通じてイギリス時代の海軍力に代わるものとして核抑止力を位置付けようとしたが，結局，その試みはうまくいかず，覇権体制維持のためのコストを減少させることはできなかった．したがって，イギリスは軍事的には究極のところ海軍の充実に専念していれば十分であったのに対し，アメリカは，陸・海・空すべての軍事力の充実をもって対応せねばならなかった．その意味で，イギリスが海軍専念国としての役割を越えて陸軍の面でもその役割を果たさねばならなくなったとき第一次世界大戦への参戦時に，その覇権体制は終わったと考えられるのである．

29覇権の凋落と思想の没落

国際社会における体制を覇権体制と考えるならば，これを支える力は覇権国の経済力や軍事力であり，これを支える正当性は覇権国のヴィジョンやそれを生み出した思想的背景である．したがって，覇権の衰退や覇権体制の凋落という現象は，覇権国の経済力や軍事力の衰退とともに，覇権国の唱えるヴィジョンの限界の露呈によってもたらされるものであると考えられる．すなわち，アメリカの覇権の衰退は，その意味で，アメリカの力の衰退を意味すると同時に，アメリカが唱えてきたヴイジョンの限界を意味しているといえるのである．

19世紀にイギリスによって開花した文明の思想的枠組としての自由民主主義は，20世紀に入ってアメリカという国に発展的に継承され，世界に伝播していった（📖31）。しかし，それは時代の変遷とともに解釈方法や論理構造を変化させ，21世紀の現在に至って致命的な弱点を露呈し始めている。しかし，だからといって現代がアメリカニズム終焉の時代であるとともに，近代から続くリベラル・デモクラシー自体の終焉の時代であるとはいえない。リベラル・デモクラシーが，これまでそうであったのと同様にして，新しい時代の到来に即応する形で新しい解釈方法の下でその論理構造を修正し，新しい時代に対応可能な21世紀型の文明思想として再生するかもしれないからである。しかし，この21世紀の時代における最大の問題は，19世紀におけるイギリスや20世紀におけるアメリカのような文明思想を体現し，評価し，布教する役目を担う力と意思をもった役者がいないことである。それがアメリカに代わる新しい覇権国であるのか，国連のようなグローバルな国際組織であるのか，地域主義的な国際機構であるのか，先進諸国のサークルであるのか，すでに21世紀に突入してその５分の１の年数が過ぎる現代においても，この問題への解答は依然として不明である。

（３）理論の整備のための理論研究

現代政治学の課題については，以上のような政治学と経済学との連携，国内政治学と国際政治学との連携という二つの問題以外にも様々なものが考えられるが，いずれにしても分析手法の再検討という課題には，早い機会に取り組むべき必要があろう。政治学に限らず，社会科学研究における分析手法は，今世紀に入ってから，自然科学的手法を駆使した膨大な研究成果の登場と蓄積によって多くの方法が開発された。政治学においては，特に，投票行動や選挙制度をめぐる活発な議論の推移に伴って，統計学的な手法を用いた研究が隆盛を極めているのが現状である。そして，このように現実の政治現象に対する実証研究の手法が科学性を増加させればさせるほど，そうした手法の有効性を支えるものは，むしろ具体的な政治現象に関する学問的な諸概念がどれほど整備され，信憑性をもっているのかということに依存するのである。換言すれば，実証研

📖：用語解説

30 有効需要

単なる人々の観念的な欲求＝需要ではなく，実際の消費行動＝貨幣支出をともなう需要のことである．ケインズは，このような需要こそが，経済社会への現実的な目に見える影響を与えるとして，これを有効需要と呼んだ．

31 19世紀的文明思想と20世紀的文明思想の比較

思想形態／内容項目	19世紀的文明思想（ユーロピアン・リベラル・デモクラシー）	20世紀的文明思想（アメリカン・リベラル・デモクラシー）
論理内容	政治的自由 政治的平等 市民社会的産業主義	経済的自由 経済的平等 大衆社会的産業主義
理念目的	自由権的基本権	社会権的基本権
社会的土壌	市民社会	大衆社会
社会秩序	「教養ある市民」による自由で平等な活動	大衆の「世論」に基づく政策介入
国家形態	消極国家・立法国家・夜警国家	積極国家・行政国家・福祉国家
国際秩序	バランス・オブ・パワー	集団安全保障
覇権担当国	イギリス	アメリカ
普遍性	限定的（ヨーロッパのみ）	普遍的（全世界）

究の発展の土台となるものは，むしろ理論研究における成果の発展なのである。

したがって，本書と同種の試みによって，あるいは本書とは異なるアプローチによって現代政治学理論の体系化とその科学性を増大させる努力を遂行することは，同時に，実証研究手法の進化を通じた現実の政治現象のより詳細かつ正確な把握と政策的インプリケーションの導出という作業に寄与することが期待できると考えられる。その意味で，「理論の整備のための実証研究」および「現象の解明のための理論研究」とともに，本書で行われたような「理論の整備ための理論研究」（📖32）の充実も，今後の学徒に課せられた重要な使命である（☺⑰⑱）。

コラム６　資本主義の「最終商品」としての自動車

おそらくはどこの国の国民でも，人生で一番高い買物といえば，それは住宅であろう。では，二番目に高い買物とは何か。多分それは，マイカー，すなわち自動車であろう。ところで，自動車というものは，単なる人間や貨物の移動手段という概念を越えて，それを利用する人々に，鉄道，船舶，飛行機などとは異なる自律的な時間と空間を与えてくれるという特質をもった誠に不思議な商品である。また，同時に，今の自動車は，最先端の工業技術の枠を集めた商品となっており，その自動車産業を支えるためには，鉄鋼，プラスチック，繊維，木材などの素材産業はもとより，コンピューターなどの電気・電子関係にまでおよぶ膨大な裾野，すなわちサポーティング・インダストリーが必要である。したがって，自動車産業は，現代の資本主義経済における文字通りの産業の王者，キング・オブ・インダストリーであり，主導産業――リーデイング・エコノミーなのである。人類の経済史上，最も複雑でありながら最もポピュラーになった商品こそが，自動車なのである。

その意味で，自動車は，資本主義社会における最終商品としての意味を有する財の一つであろう。何故なら，資本主義経済とは，標準化や平準化などの過程を通じて，そこで流通する商品が一般性を有する大量生産された商品が大量消費されることによって発展していく体制であるのだから，一家に一台のヘリコプターや飛行機という時代が来る可能性がまだ低い以上，一家に一台の自動車という社会状況の到来こそが，資本主義社会の最高段階とも呼ぶべき一つの類型と考えられるのではないだろうか。

したがって，日本，米国，ヨーロッパなどの先進諸国の多国籍企業や途上国の国民車企業などが国境を越えて自動車産業間の競争，すなわちメガ・コンペティションを繰り広げつつある現代は，少なくとも過去数百年にわたる資本主義社会の永い歴史における一つの重要なターニング・ポイントにさしかかっている時代であり，おそらくはこうした傾向は，自動車がガソリンエンジンの時代から電気自動車の時代へ変遷しても変わらないトレンドである。

📖：用語解説

㉜理論のための理輪研究

通常，実証的な研究の成果をもって理論的な枠組を整備する作業と，そのフィードバック，すなわちより整備された理論的な枠組に基づいて更なる実り多き実証研究を遂行していく過程が科学的研究の手続きであることは周知である．しかし，新しい理論と従来の理論との論理的な断絶性を埋める作栗や継続性を整理する作業がなければ，より一歩進んだ研究の展開は不可能である．特に社会科学の場合には，それが取り扱う研究対象である社会現象そのものが，徐々にではなく突発的に生起するように見える場合が多いからである．したがって，理論というものが，現実の現象＝客観事実を説明するための論理の体系であるならば，実証研究を発展させるための理論研究と理論研究を発展させるための実証研究とともに，そこには必然的に理論研究を発展させるための理論研究が必要となるわけである．

☺：人物紹介

⑰クーン，トーマス（Kuhn, Thomas：1922-1996年）

アメリカの科学史家．マサチューセッツ工科大学（MIT）教授．科学理論が進化していく過程におけるパラダイム革命の概念を提唱し，ポパー流の論理実証主義的進化の概念に挑戦したことで有名．主著に，『科学革命の構造（*The Structure of Scientific Revolution*）』（1962年）がある．

⑱ポパー，カール・ライムンド（Popper, Karl Raimund：1902-1994年）

ユダヤ系オーストリア生まれのイギリスで活躍した科学史家・科学思想家．ロンドン大学教授．科学的な認識理論に基づく批判的合理主義の立場から，歴史法則の必然性を退けつつ，ある思考が他者からの理性の吟味にさらされる制度的環境としての民主主義を擁護した．主著に，『歴史主義の貧困（*The Poverty of Histricism*）』（1957年），『開かれた社会とその敵（*The Open Society and Its Enemies. 2 vols*）』（1945年）などがある．

参考文献

邦語文献（50音順）
［1］ 青木昌彦『体制転換』（有斐閣，1992年）
［2］ 青山吉信・今井宏『新版・概説イギリス史』（有斐閣，1991年）
［3］ 足立幸男『政策と価値』（ミネルヴァ書房，1991年）
［4］ 阿部斉『デモクラシーの論理』（中央公論社，1973年）
［5］ ――――『現代政治と政治学』（岩波書店。1989年）
［6］ ――――『概説・現代政治の理論』（東京大学出版会，1991年）
［7］ ――――・有賀弘・斎藤真『政治――個人と統合』（東京大学出版会，1967年）
［8］ ――――・内田満『現代政治学小辞典』（有斐閣，1978年）
［9］ ――――・――――・高柳先男（編）『現代政治学小辞典（新版）』（有斐閣，1999年）
［10］ アレン琴子「新興国・途上国が米国ではなく中国を支持する3つの理由」『livedoor news』（2022年6月26日）。
［11］ 池本清『国際経済学の研究』（有斐閣，1980年）
［12］ 石井貫太郎『現代国際政治理論』（ミネルヴァ書房，1993年①）
［13］ ――――『国際政治分析の基礎』（晃洋書房，1993年②）
［14］ ――――『リーダーシップの政治学』（東信堂，2004年）
［15］ ――――『21世紀の国際政治理論』（ミネルヴァ書房，2016年）
［16］ ――――（編著）『国際政治の変容と新しい国際政治学』（志學社，2020年）
［17］ ――――「パンデミックとプロパガンダ社会」川上高司・石井貫太郎（編著）『パンデミック対応の国際比較』（東信堂，2022年）総論2所収。
［18］ 石川滋『開発経済学の基本問題』（岩波書店，1990年）
［19］ 猪木正道『独裁の政治思想』（角川ソフィア文庫，2019年）
［20］ 猪木武徳『経済思想』（岩波書店，1987年）
［21］ 今村仁司『現代思想の基礎理論』（講談社，1992年）
［22］ 岩間徹『ヨーロッパの栄光』（河出書房新社，1990年）
［23］ 内田満（編）『政治過程』（三嶺書房，1986年）
［24］ 梅川正美・阪野智一・力久昌幸（編著）『現代イギリス政治（第2版）』（成文堂，2014年）
［25］ 衛藤藩吉・公文俊平・平野健一郎・渡部昭夫『国際関係論（第二版）』（東京大学出版会，1989年）
［26］ 大芝亮「世界銀行の政策決定と国際政治の構造変化」一橋大学法学部編『法学研究』（第22号，1991年）
［27］ ――――『国際組織の政治経済学』（有斐閣，1994年）
［28］ 大野健一『市場移行戦略』（有斐閣，1995年）
［29］ 岡澤憲芙『政党』（東京大学出版会，1988年）
［30］ 岡本浩一『権威主義の正体』（PHP 研究所，2004年）

[31] 奥野正寛『現代経済学のフロンティア』(日本経済新聞社, 1990年)
[32] 蒲島郁夫『政治参加』(東京大学出版会, 1988年)
[33] 川田侃『帝国主義と権力政治』(東京大学出版会, 1963年)
[34] 北野唯我『天才を殺す凡人』(日本経済新聞出版部, 2019年)
[35] 木村雅昭『ユートピア以後の政治』(有斐閣, 1993年)
[36] 京極純一『現代民主政と政治学』(岩波書店, 1969年)
[37] 日下喜一『自由主義の発展』(勁草書房, 1981年)
[38] ――――『多元主義の源流』(早稲田大学出版部, 1984年)
[39] ――――『現代政治学概説(増補改訂版)』(勁草書房, 1986年)
[40] 久保文明・砂田一郎・松岡泰・森脇俊雅『アメリカ政治(第3版)』(有斐閣, 2017年)
[41] 小泉信三『共産主義批判の常識』(講談社, 1976年)
[42] 香西茂『国連の平和維持活動』(有斐閣, 1991年)
[43] 高地康郎「発展途上国開発論の変遷(上・下)」日本輸出入銀行編『海外投資研究所報』第18巻5号(1992年), 第18巻7号(1992年)
[44] 小林良彰『計量政治学』(成文堂, 1985年)
[45] ――――『公共選択』(東京大学出版会。1988年)
[46] 斎藤真『アメリカ史の文脈』(岩波書店, 1981年)
[47] 佐伯胖『"きめ方"の論理』(東京大学出版会, 1980年)
[48] 佐伯啓思『"シミュレーション社会"の神話』(H本経済新聞社, 1988年)
[49] ――――『現代社会論』(講談社, 1995年)
[50] ――――『アメリカニズム"の終焉』(TBSブリタニカ, 1993年)
[51] ――――『アメリカニズムの終焉(新版)』(中央公論新社, 2014年)
[52] 坂井昭夫『軍拡経済の構図』(有斐閣, 1984年)
[53] 坂本正弘『パックス・アメリカーナの国際システム』(有斐閣, 1986年)
[54] 佐々木毅『マキャベリの政治思想』(岩波書店, 1970年)
[55] ――――『現代政治学の名著』(中央公論社, 1989年)
[56] ――――『アメリカの保守とリベラル』(講談社, 1993年)
[57] ――――・鷲見誠一・杉田敦『西洋政治思想史』(北樹出版, 1995年)
[58] 白鳥令(編)『現代政治学の理論(上・下・続)』(早稲田大学出版部, 1981・82・85年)
[59] 新藤宗幸・阿部斉『現代日本政治』(東京大学出版会, 2016年)
[60] 鈴木直次『アメリカ産業社会の盛衰』(岩波書店, 1995年)
[61] 鈴木光男『人間社会のゲーム理論』(講談社, 1970年)
[62] 曽根泰教『決定の政治経済学』(有斐閣, 1983年)
[63] ――――『現代の政治理論』(日本放送協会出版部, 1989年)
[64] 曽良中清司『権威主義的人間』(有斐閣選書, 2004年)
[65] 大学教育社編『現代政治学事典』(ブレーン出版, 1991年)
[66] 田口富久治『社会集団の政治機能』(未来社, 1969年)

［67］ 田中明彦『世界システム』（東京大学出版会，1989年）
［68］ 辻中豊『利益集団』（東京大学出版会，1988年）
［69］ 中村政則『経済発展と民主主義』（岩波書店，1993年）
［70］ 西田慎・近藤正基（編著）『現代ドイツ政治』（ミネルヴァ書房，2014年）
［71］ 西平重吉『比例代表制』（中央公論社，1981年）
［72］ 西村貞二『マキャベリズム』（講談社，1991年）
［73］ 花井等『現代外交政策論』（ミネルヴァ書房，1974年）
［74］ ――――『現代国際関係論（増補版）』（ミネルヴァ書房，1987年）
［75］ 原洋之助『アジア経済論の構図』（リブロポート，1992年）
［76］ 福岡正夫『入門経済学』（日本経済新聞社，1986年）
［77］ 藤原保信『20世紀の政治理論』（岩波書店，1991年）
［78］ ――――『自由主義の再検討』（岩波書店，1993年）
［79］ 本田弘『政治理論の構造』（勁草書房，1982年）
［80］ 松本健一『日本が開く“世界新秩序’”』（徳間書店，1992年）
［81］ 丸山真男『現代政治の思想と行動（増補版）』（未来社，1964年）
［82］ 宮川公男『政策科学の基礎』（東洋経済新報社，1994年）
［83］ 三宅一郎『投票行動』（東京大学出版会，1989年）
［84］ ――――（編著）『合理的選択の政治学』（ミネルヴァ書房，1981年）
［85］ 三宅正樹『ヒトラーと第二次世界大戦』（清水書院，1984年）
［86］ 宮崎勇『軍縮の経済学』（岩波書店，1964年）
［87］ 村上泰亮『反古典の政治経済学』（中央公論社，1992年）
［88］ 毛利健三『自由貿易帝国主義』（東京大学出版会，1978年）
［89］ 文部省『民主主義』（角川ソフィア文庫，2018年）
［90］ 薬師寺泰蔵『テクノヘゲモニー』（中央公論社，1989年）
［91］ 山川勝巳『政治体系論』（有信堂，1968年）
［92］ ――――『政治学概論（第二版）』（有斐閣，1993年）
［93］ 山口定『政治体制』（東京大学出版会，1989年）
［94］ 山本圭『現代民主主義』（中央公論新社，2021年）
［95］ 山本雅男『ヨーロッパ“近代”の終焉』（講談社，1992年）
［96］ 山本吉宣『国際的相互依存』（東京大学出版会，1988年）
［97］ 吉田和男『冷戦後の世界政治経済』（有斐閣，1992年）
［98］ 渡部福太郎『世界経済の分裂と統合』（有斐閣，1994年）

翻訳文献（アルファベット順）

［99］ アドルノ，T.（田中義久・矢澤修次郎訳）『権威主義的パーソナリティー』（青木書店，1998年）
［100］ アリソン，G. T.（宮里政玄訳）『決定の本質』（中央公論社，1977年）
［101］ アーモンド，G. A.（内山秀夫・川原彰・佐治孝夫・深沢民夫訳）『現代政治学と歴史認識』（勁草書房，1982年）

[102] アンダーソン，B.（白石隆・白石さや訳）『想像の共同体（増補版）』（NTT 出版，1997年）
[103] アレント，H.（志水速夫訳）『人間の条件』（中央公論社，1973年）
[104] ――――（志水速夫訳）『革命について』（中央公論社，1975年）
[105] アーブラスター，A.（渋谷浩・中金聡訳）『民主主義』（昭和堂，1991年）
[106] アロー，K.（長名寛明訳）『社会的選択と個人的評価』（日本経済新聞社，1977年）
[107] バーリン，I.（小川晃一・小池銈・福田歓一・生松敬三訳）『自由論』（みすず書房，1971年）
[108] ベルンシュタイン，E.（佐瀬昌盛訳）『社会主義の諸前提と社会民主主義の任務』（ダイヤモンド社，1974年）
[109] ブーアスティン，J.（橋本富郎訳）『現代アメリカ社会』（世界思想社，1990年）
[110] ボットモア，T. B.（綿貫譲治訳）『エリートと社会』（岩波書店，1965年）
[111] カー，E. H.（清水幾太郎訳）『危機の20年』（岩波書店，1952年）
[112] ――――（大窪原二訳）『ナショナリズムの発展』（みすず書房，1952年）
[113] ――――（清水幾太郎訳）『新しい社会』（岩波新書，1953年）
[114] チャールスワース，J. C.（編）（田中靖政・武者公路公秀編訳）『現代政治分析（Ⅰ・Ⅱ・Ⅲ）』（岩波書店，1971年）
[115] コーンハウザー，W.（辻村明訳）『大衆社会の政治』（東京創元社，1961年）
[116] ――――（小林昭三・石田光義訳）『政府論の歴史とモデル」（早稲田大学出版部，1977年）
[117] クリック，B.（前田康博訳）『政治の弁証』（岩波書店，1969年）
[118] ダール，R.（内山秀夫訳）『民主主義理論の基礎』（未来社，1970年）
[119] ――――（高畠通敏・前田脩訳）『ポリアーキー』（三一書房，1979年）
[120] ――――（河村望・高橋和宏訳）『統治するのはだれか』（行人社，1988年）
[121] ダーレンドルフ，R.（天野亮一訳）『なぜ英国は失敗したか？』（TBS ブリタニカ，1984年）
[122] ――――（岡田舜平訳）『ヨーロッパ革命の考察』（時事通信社，1991年）
[123] ――――（加藤秀次郎訳）『激動するヨーロッパと新秩序』（TBS ブリタニカ，1992年）
[124] ダイヤモンド，L.（市原麻衣子訳）『侵食される民主主義――内部からの崩壊と専制国家の攻撃（上・下）』（勁草書房，2022年）
[125] デューイ，J.（阿部斉訳）『現代政治の基礎　公衆とその諸問題』（みすず書房，1969年）
[126] ダウンズ，A.（吉田精司訳）『民主主義の経済理論』（成文堂，1980年）
[127] イーストン，D.（岡村忠夫訳）『政治分析の基礎』（みすず書房，1968年）
[128] ――――（山川勝巳訳）『政治体系』（ぺりかん社，1976年）
[129] フレヴニューク，O. V.（石井規衛訳）『スターリン――独裁者の新たなる伝記』（白水社，2021年）

［130］ フランツ，E.（上谷直克・今井宏平訳）『権威主義――独裁政治の歴史と変貌』（白水社，2021年）
［131］ フリードマン，M. R.フリードマン（西山千明訳）『選択の自由』（日本経済新聞社，1980年）
［132］ フロム，E.（日高六郎訳）『自由からの逃走』（東京創元社，1952年）
［133］ フクヤマ，F.（渡部昇一訳）『歴史の終わり』（三笠書房，1992年）
［134］ ガルブレイス，J. K.（新川健三郎訳）『アメリカの資本主義』（TBS プリタニカ，1952年）
［135］ ――――（山本七平訳）『権力の解剖――条件づけ権力』（日本経済新聞出版部，1984年）
［136］ ――――（鈴木哲太郎訳）「豊かな社会（第四版）』（岩波書店，1990年）
［137］ ギルピン，R.（佐藤誠三郎・竹内透監訳）『世界システムの政治経済学』（東洋経済新報社，1990年）
［138］ グラムシ，A.（山崎功監修）『アメリカニズムとフォード主義』（合同出版，1962年）
［139］ ――――（石堂清倫・前野良編訳）『現代の君主』（青木文庫，1964年）
［140］ バブルボーム，A.（三浦元博訳）『権威主義の誘惑――民主政治の黄昏』（白水社，2021年）
［141］ ハルバースタム，D.（浅野輔訳）『ネクスト・センチュリー』（TBS ブリタニカ，1991年）
［142］ ハーツ，L.（有賀貞訳）『アメリカ自由主義の伝統』（講談社，1994年）
［143］ ハーバーマス，J.（三島憲一編訳）『遅ればせの革命』（岩波書店，1992年）
［144］ ヘーゲル，G. W. F.（長谷川宏訳）『歴史哲学講義（上・下）』（岩波書店，1994年）
［145］ ハーシュマン，A. O.（三浦隆之訳）『組織社会の論理構造』（ミネルヴァ書房，1975年）
［146］ ホブズボウム，E.（安川悦子・水田洋訳）『市民革命と産業革命』（岩波書店，1968年）
［147］ ホフマン，S.（天野恒雄訳）『フランス現代史 (2) 政治の芸術家ド・ゴール』（白水社，1977年）
［148］ ホイジンガ，J.（橋本富郎訳）『アメリカ文化論』（世界思想社，1989年）
［149］ ホルクハイマー，M.（清水多吉編訳）『権威主義的国家』（紀伊國屋書店，2003年）
［150］ ハイエク，F. A.（田中真晴・田中秀夫編訳）『市場・知識・自由』（ミネルヴァ書房，1986年）
［151］ ――――（気賀健三・古賀勝次郎訳）『自由の条件』（春秋社，1986年）
［152］ ――――（西山千明訳）『隷従への道・ハイエク全集 (1) 別巻』（春秋社，2008年）
［153］ ケナン，G.（近藤晋一編訳）『アメリカ外交50年』（岩波書店，1952年）

[154] ケネディ，P.（鈴木主税訳）『大国の興亡』（草思社，1988年）
[155] ラフィーバー，W.（久保文明編訳）『アメリカの時代』（芦書房，1992年）
[156] ラスキ，H. J.（日高明三・横越英一訳）『政治学大綱』（法政大学出版局，1938年）
[157] ――――（横越英一訳）『政治学入門』（東京創元社，1965年）
[158] ラズウェル，H. D.（永井陽之助訳）『権力と人間』（東京創元社，1954年）
[159] レイプハルト，A.（内山秀夫訳）『多元社会のデモクラシー』（三一書房，1979年）
[160] レーニン，V. I.（宇高基輔訳）『帝国主義論』（岩波書店，1956年）
[161] リンゼイ，A. D.（永岡薫訳）『民主主義の本質（増補版）』（未来社，1992年）
[162] リンス，J. J.（横田正顕訳）『民主体制の崩壊――危機・崩壊・再均衡』（岩波文庫，2020年）
[163] ――――（高橋進・睦月規子・村上智章・黒川敬吾・木原滋哉訳）『全体主義体制と権威主義体制』（法律文化社，1995年）
[164] リースマン，D.（加藤秀俊訳）『孤独な群衆』（みすず書房，1964年）
[165] リップマン，W.（掛川トミ子訳）『世論（上・下）』（岩波書店，1987年）
[166] リプセット，S. M.（内山秀夫訳）『政治の中の人間』（創元新社，1963年）
[167] マキアヴェリ，N.（永井三明訳）『政略論』（中央公論社，1979年）
[168] マルクス，K., F. エンゲルス（大内兵衛・向坂逸郎訳）『共産党宣言』（岩波書店，1957年）
[169] メリアム，C. E.（斎藤真・有賀弘訳）『政治権力（上・下）』（東京大学出版会，1973年）
[170] ミヘルス，R.（広瀬英彦訳）『政党政治の社会学』（ダイヤモンド社，1975年）
[171] ――――（森博・樋口晟子訳）『現代民主主義における政党の社会学―集団活動の寡頭制的傾向についての研究』（木鐸社，1990年）
[172] ミルグラム，S.（山形浩生訳）『服従の心理』（河出書房新社，2008年）
[173] ミル，J. S.（早坂忠訳）『自由論』（中央公論社，1967年）
[174] ミルズ，C. W.（鵜飼信成・綿貫譲治訳）『パワー・エリート（上・下）』（東京大学出版会，1958年）
[175] ムーア，B.（宮崎隆次訳）『独裁と民主政治の社会的起源――近代世界形成における領主と農民（上・下）』（岩波文庫，2019年）
[176] モデルスキー，G.（浦野起央・信夫隆司訳）『世界システムの動態』（晃洋書房，1991年）
[177] ムーア，B.（宮崎隆次・森山茂徳・高橋直樹訳）『独裁と民主政治の社会的起源』（岩波書店，1987年）
[178] モーゲンソー，H. J.（現代平和研究会訳）『国際政治』（福村出版，1986年）
[179] モスカ，G.（志水速夫訳）『支配する階級』（ダイヤモンド社，1973年）
[180] ノイマン，G.（岩永健吉郎・岡義達・高木誠訳）『大衆国家と独裁――恒久の革命』（みすず書房，1998年）

[181] ノース，D. C., R. P. トマス（速水融・穐本洋哉訳）『西欧世界の勃興（増補版）』（ミネルヴァ書房，1994年
[182] ノージック，R.（島津格訳）『アナーキー・国家・ユートピア（上・下）』（木澤社，1985・89年）
[183] ナイ，J. S.（久保伸太郎訳）『不滅の大国アメリカ』（読売新聞社，1990年）
[184] オルソン，M.（依田博・森脇俊雅訳）『集合行為論』（ミネルヴァ書房，1983年）
[185] オルテガ，J.（A・マタイス・佐々木孝訳）『個人と社会』（白水社，1989年）
[186] パイ，L.『エイジアン・パワー』（大修館書房。1995年）
[187] パリイ，G.（中久郎監訳）『政治エリート』（世界思想社，1982年）
[188] パレート，V.（川崎嘉元訳）『エリートの周流』（垣内出版，1975年）
[189] ラパポート，A.（関寛治編訳）『現代の戦争と平和の理論』（岩波書店，1966年）
[190] ロールズ，J.（矢島釣次監訳）『正義論』（紀伊国屋書店，1979年）
[191] ライシュ，R. B.（中谷巌訳）『ザ・ワーク・オブ・ネーションズ』（ダイヤモンド社，1991年）
[192] リースマン，D.（加藤秀俊訳）『孤独な群集』（みすず書房，1964年）
[193] ローズクランス，R.（土屋政雄訳）『新貿易国家論』（中央公論社，1987年）
[194] サルトーリ，G.（岡澤憲芙・川野秀之訳）『現代政党学（I. II）』早稲田大学出版部，1980年）
[195] シャープ，G.（三石善吉訳）『市民力による防衛・力に頼らない社会』（法政大学出版局，2016年）
[196] ――――（龍口範子訳）『独裁体制から民主主義へ・権力に対抗するためのテキスト』（筑摩書房，2012年）
[197] シュレジンガー，A.（大前正臣訳）『信頼の崩壊』（読売新聞社，1969年）
[198] ――――（猿谷要監修，飯野正子・高村宏子訳）『アメリカ史のサイクル』（パーソナルメデイア，1988年）
[199] ――――（都留重人監訳）『アメリカの分裂』（岩波書店，1992年）
[200] シュミット，C.（田中浩・原田武雄訳）『独裁――近代主権論の起源からプロレタリア階級闘争まで』（未来社，1991年）
[201] シュンペーター，J.『資本主義・社会主義・民主主義』（東洋経済新報社，1968年）
[202] ――――（塩野谷祐一・中山一郎・東畑精一訳）『経済発展の理論（上・下）』（岩波書店，1977年）
[203] サイモン，H.（松田武彦・高柳暁・二村敏子訳）『経営行動』（ダイヤモンド社，1965年）
[204] スミス，A.（大内兵衛・松川七郎訳）『諸国民の富』（岩波書店，1975年）
[205] ――――（水田洋訳）『道徳感情論』（筑摩書房，1973年）
[206] スペロ，J. E.（小林陽太郎他訳）『国際経済関係論』（東洋経済新報社，1990年）
[207] スティール，R.（浅野輔訳）『現代史の目撃者――リップマンとアメリカの世紀（上・下）』（TBS ブリタニカ，1982年）

[208] ストレンジ，S.（西川潤・佐藤元彦訳）『国際政治経済学入門』（東洋経済新報社，1994年）
[209] トクヴィル，A.（井伊玄太郎訳）『アメリカの民主政治』（講談社，1972年）
[210] ヴェーバー，M.（脇圭平訳）『職業としての政治』（岩波書店，1980年）
[211] ――――（大塚久雄訳）『プロテスタンティズムの倫理と資本主義の精神』（岩波書店，1989年）
[212] ヴァーバ，S., N. H. ナイ，J. キム（三宅一郎・蒲島郁夫・小田健訳）『政治参加と平等』（東京大学出版会，1981年）
[213] ウォーラス，G.（石上良平・川口浩訳）『政治における人間性』（創文社，1958年）
[214] ウォーラースティン，I.（川北稔訳）『史的システムとしての資本主義』（岩波書店，2022年）
[215] ――――（日南田静真訳）『資本主義世界経済（１・２）』（名古屋大学出版会，1987年）
[216] ウイーアルダ，H. J.（編）（大木啓介・大石裕・佐藤治夫・桐谷仁訳）『比較政治学の新動向』（東信堂，1988年）
[217] ウィリアムソン，O. E.（浅沼萬理訳）『市場と企業組織』（日本評論社，1975年）

英文文献（アルファベット順）
[218] Axelrod, R., *The Evolution of Cooperation,* Basic Books, 1984.
[219] Bull, H., *The Anarchical Society,* Macmillan, 1977.
[220] Chenery, H., T. Srinivasan, eds., *Handbook of Development Economics,* Vols. I &II, Elsevier Science Publisher, 1988.
[221] Destler, I. M., *Presidents, Beaurocrats and Foreign Policy,* Princeton University Press, 1972.
[222] Deutsche, K. W., *The Analysis of International Relations*, 2nd ed., Prentice-Hall, 1978.
[223] Frank, A. G., *Latin America : Underdevelopment or Revolution,* Monthly Review Press, 1969a
[224] ――――, *Capitalism and Underdevelopment in Latin America,* Monthly Review Press, 1969b.
[225] Frey, B. S., *International Political Economics,* Basil-Blackwell, 1984.
[226] Gilpin, R., *War and Change in World Politics,* Cambridge University Press, 1981.
[227] Haas, E. B., *Beyond the Nation State,* Stanford University Press, 1964.
[228] Huntington, S., *Political Order and Changing Societies,* Yale University Press, 1968.
[229] ――――, *The Third Wave : Democratization in the Late Twentieth Century,* University of Oklahoma Press, 1991.

[230] IMF, *IMF Survey,* September 30, 1991.
[231] ———, *International Financial Statistics Yearbook,* Vol. 1, XLV, 1992.
[232] Jervice, R., *Perception and Misperception in International Politics,* Princeton University Press, 1976.
[233] ———, "Co-operation Under the Security Dilemma," *World Politics,* Vol. 30, No. 1, 1978.
[234] Keohane, R. O., *After Hegemony : Cooperation and Discord in the World Political Economy,* Princeton University Press, 1984.
[235] ———, *International Institutions and State Power,* Westview Press, 1989.
[236] ———, J. S. Nye, *Power and Interdependence,* Little, Brown and Co., 1977.
[237] ———, S. Hoffmann, eds., *After the Cold War : International Institutions and Strategies in Europe, 1989-91,* Cambridge University Press, 1993.
[238] Krasner, S. D., *Structural Conflict : The Third World Against Global Liberalism,* University of California Press, 1985.
[239] Kornai, J., *The Road to Free Economy,* W. W. Norton and Co., 1990.
[240] Lindblom, C. E., *The Policy Making Process,* Prentice-Hall, 1968.
[241] Linz, J. J., "Totalitarianism and Authoritalian Regimes," in F. I. Greenstein, N. W. Polsby, eds., *Handbook of Political Science,* Vol. 3, Addison-Wesley, 1975.
[242] OECD, *Directory of Non-Governmental Development Organization in OECD Member Countries,* 1990.
[243] ———, *Development Co-operation : 1991,* 1991.
[244] ———, *Geographical Distribution of Financial Flows to Developing Countries : 1992,* 1992.
[245] ———/DAC, *Development Co-operation : 1992 Report,* 1992.
[246] Organski, A. F. K., J. Kugler, *The War Ledger,* University of Chicago Press, 1980.
[247] Przeworski, A., *Democracy and the Market : Political and Economic Reforms in Eastern Europe and Latin America,* Cambridge University Press, 1991.
[248] Rains, G., J. Fei, "Development Economics: What Next ?" in G. Rains, T. Schultz, eds., *The State of Development Economics : Progress and Perspective,* Basil-Blackwell, 1988.
[249] Rosenau, J. N., *The Scientific Study of Foreign Policy,* Free Press, 1971.
[250] Rustow, D., "Transition to Democracy," *Comparative Politics,* Vol. 2, No. 3, 1970.
[251] Snyder, R. and Others, eds., *Foreign Policy Decision Making,* Free Press, 1962.
[252] Steinbrunner, J. D., *The Cybernetic Theory of Decision,* Princeton University Press, 1974.

[253] Stern, N., "The Economics of Development: A Survey," *The Economic Journal,* September 1989.

[254] Thorson, S. J., D. A. Sylvan, "Counterfactual and Cuban Missile Crisis," *International Studies Quarterly,* Vol. 26, No. 1, 1982.

[255] Wallerstein, I, *The Capitalist World Economy,* Cambridge University Press, 1979.

[256] Waterbury, J., *Democracy Without Democrats ? : The Potential for Political Liberalization in the Middle Eas*t, Mimeo, 1992.

[257] World Bank, *Sub-Saharan Africa From Crisis to Sustainable Growth : A Long Term Perspective Study,* World Bank, 1989.

[258] ———, *Adjustment Lending Policies for Sustainable Growth : Policy and Research Series,* No. 14, World Bank, 199⑪

[259] ———, *Governance and Development,* World Bank, 1990.

[260] ———, *World Bank Atlas : 1991,* World Bank, 1991①.

[261] ———, *The World Bank Report : 1991,* World Bank, 1991②.

[262] ———, *Adjustment Lending and Mobilization of Private and Public Resources for Growth,* World Bank, 1992①.

[263] ———, *World Debt Tables : 1992-3,* World Bank, 1992②.

[264] ———, "Aid at the End of the Cold War," *Global Economic Prospects and the Developing Countries,* World Bank, 1993①.

[265] ———, *World Development Report : 1993,* World Bank, 1993②.

人名索引

マ行

ヤ・ラ行

事項索引

サ行

ヤ行

ラ行

〈著者紹介〉

石井貫太郎（いしい・かんたろう）

1961年，東京都生まれ。1990年，慶應義塾大学大学院法学研究科政治学専攻後期博士課程修了（法学博士）。現在，目白大学社会学部教授および目白大学大学院国際交流研究科教授。『現代国際政治理論』（ミネルヴァ書房），『21世紀の国際政治理論』（ミネルヴァ書房），『現代の政治理論』（ミネルヴァ書房），『国際政治分析の基礎』（晃洋書房），『リーダーシップの政治学』（東信堂）など，政治学，政治経済学，国際関係論に関する著書，論文多数。

MINERVA TEXT LIBRARY ⑫
入門・現代政治理論

2023年10月20日　初版第１刷発行　〈検印省略〉

定価はカバーに
表示しています

著　者　石　井　貫太郎
発行者　杉　田　啓　三
印刷者　江　戸　孝　典

発行所　株式会社　ミネルヴァ書房
607-8494　京都市山科区日ノ岡堤谷町１
電話代表　075-581-5191
振替口座　01020-0-8076

共同印刷工業・坂井製本

ISBN978-4-623-09557-5
Printed in Japan